草野 芳史
Kusano Yoshifumi

賢い人だけ
知っている

後悔しない
住宅購入
52の法則

大学教育出版

まえがき

1
なぜ、公平な住宅購入アドバイスをもらえる機会はほとんどないのか？

マイホームを購入したいと思ったとき、みなさんはどこから情報を集めますか？　多くの人は、住宅会社や不動産会社から集めると思います。

しかし、初めてマイホームを購入する方には、そこに大きな落とし穴があります。実は、公平にマイホーム購入のアドバイスができる住宅事業者（住宅会社、不動産会社、建売・マンション販売会社、リフォーム会社等）は少ないのが実状です。

なぜなら、住宅会社や不動産会社は立場上、売るためのセールストーク、つまり売り手都合によるアドバイスをしがちだからです。決して彼らを悪く言うつもりはありません。営利企業として事業を継続し営業マンとその家族を養うために、自社商品のメリットを伝えてセールスするのは当然でしょう。

また、最近は各地に無料の住宅相談所ができており、公平なアドバイスを受けられると思う方もいるかもしれません。たしかに自ら建築や販売をしないという点では、住宅事業者ではありませんが、彼らは成約した住宅事業者からの紹介料で運営しているので、立場は限りなく売り手の側になります。

一口にマイホームと言っても、建売分譲住宅、注文住宅、中古住宅、マンションなど、さまざまな形があります。

モデルハウスや内覧会などで実物を見ることで、住宅の空間、内装、設備、周りの住環境など直接的な情報が多く得られます。実際に住んだ時の様子がイメージしやすいので、必ず購入前には見学してみてください。

ただ、現地で情報を得るにあたって、気をつけたいポイントがあります。その情報が本当に「偏りのない客観的な情報」なのかどうかです。

当然、それぞれのモデルハウスや内覧会には、住宅会社や不動産会社の営業マンがいます。マンションを販売する営業マンは「利便性が高く、資産価値が落ちにくいから」と戸建てよりもマンションを勧めてきます。また、戸建て住宅を建築する住宅会社の営業マンは「間取りや設備を自由に選べ、庭も広くのびのび暮らせるから」と戸建ての注文住宅が一番良いと言うはずです。

インターネットでマイホームの購入について検索しても、情報の出どころが住宅会社や不動産会社がだったということがよくあります。ネット上は偏った情報に溢れています。モデルハウスや内覧会、そしてインターネットの情報も、発信者の立場を意識したら情報の真偽や発信者の意図が見えてきます。

マイホームは、人生で最大の買い物です。細心の注意を払い、偏りのない情報を集めて客観的に判断することが何よりも大切です。

自己紹介が遅れました、筆者は〝理想の暮らしを実現する〟住宅購入コンサルタントの草野《くさの》芳史《よしふみ》と申します。

これまでに建設コンサルタント、電力会社傘下の家づくりコンサルタント、デザイナー住宅のプロデュースなど、建設業界で30年の実績を重ねてきました。

現在は独立し、住宅・不動産の販売や仲介、建築をしない相談専門の住宅購入コンサルタント・ファイナンシャルプランナーとして活動しております。

多くのコンサルタントは住宅事業者からの紹介料や、生命保険などの住宅以外の商品の販売で売上を立てていますが、筆者はご相談者からのコンサルティング料を主な収入としている、業界でも非常に珍しい存在です。

住宅コンサルティング歴20年、ファイナンシャルプランナー歴13年のキャリアを活かし、建築や不動産、ファイナンシャルプランニングなど多面的な視点から、理想のマイホームを購入されたいご相談者のサポートをしています。

最大の強みは、特定の住宅事業者に属していないことから、忖度なしでマイホームを購入したい人のメリットだけを考えた中立なアドバイスができることです。

本書では、読者のみなさんが理想のマイホームを購入するための考え方や方法のエッセンスを、ありのままにお伝えします。

特に、トラブルの多い**「お金」「品質」「契約」**というマイホーム購入の最重要ポイントを中心に、初めてマイホームを購入する方でもわかりやすく読めるように書きました。

本書が、「マイホーム購入を考えているけれど、何から始めればいいかわからない」と悩まれている方にとって安心できるバイブルとなれば、本当に嬉しい限りです。

2
失敗しない住宅購入の3つのポイントは「お金」「品質」「契約」

これまでに、筆者は２０００組以上のマイホーム購入希望者の相談をお受けしてきました。長年の経験を通して得た結論は、マイホーム購入時のトラブルは先に挙げた「お金」「品質」「契約」の３つに集約されるということです。わたしはこれを**「マイホーム購入の三大トラブル」**と呼んでいます。

では、どんなトラブルに陥ってしまうのでしょうか？　それぞれのトラブルについて、代表的な事例を紹介しながら説明します。

■「お金」のトラブル

① 予算オーバーしてしまう

マイホームの購入は、多くの方が初めてで経験が無いにもかかわらず、価格は数千万円と高額になります。人は高額の買い物になると、日常の感覚が麻痺し、予算に関して甘くなりがちなので要注意です。見積り時に見落としがあり、後になって追加オプションで予算が数百万円アップするケースも多く見られます。

② 住宅ローンの返済で困る

理想のマイホームにこだわって予算をオーバーした時、「銀行が貸してくれると言っているから」と住宅ローンの借り入れを増やしたものの、配偶者が産休や育休に入って世帯収入が下がったり、子どもが高校や大学に進学して教育費の負担がかさんだりして、ローンが途中で支払えなくなることもあります。

■「品質」のトラブル

① 事前の建物のイメージと実物が違う

事前に見学したモデルハウスと、完成した建物のイメージが大きく違うこともあります。「思っていた出来と何か違う」と思っても、施工後に修正する場合には、追加費用がかかります。例えば、キッチンや内装のグレードが低く、理想のイメージよりも貧相に感じるなど、品質のトラブルは少なくありません。

② 不具合や欠陥が見つかる

雨漏り、外壁のひび割れ、家の傾きといった建物の不具合や欠陥も、大きなトラブルになります。欠陥とまではいかなくても、断熱性能が低く、「実際に住んでみたら思ったより寒かった」というケースもあります。

■「契約」のトラブル

① 工期が遅れる

原因はじつにさまざまです。「工程の見通しが甘かった」「部材が入ってこず、工事が中断した」というケースもあります。特に3月は新年度の引っ越しシーズンを控えていることから、通常より工事が重なり、職人や建材の手配が難しくなります。そのため工期が遅れて子どもの入学に間に合わなくなり、近くにアパートを借りる、遠距離の送迎が発生するなどして出費が嵩《かさ》むケースもあります。

② 違約金が発生する

こだわりを持っている要望に対して、契約前は営業マンが「できる」と言っていたのに、実際に契約をして詳細な打ち合わせが始まったら「できない」と言われた。そこで解約を申し出たら、違約金を請求されたというケースもあります。

以上のような三大トラブルが起きてしまう最大の原因は、完璧なマイホームを目指すがあまり、より「**安く**」「**早く**」「**良いもの**」を手に入れたいとの思いが強く出すぎることです。

これら3つの要素は、どれもマイホーム購入では大事なものです。でも、すべてを高望みするのはさすがに無理です。例えば、予算が少ないので金額を下げるために、「設備や内装のグレードを抑える」「工期を繁忙期からずらす」といった工夫でバランスをとれば、トラブルを回避できる可能性があります。つまり、3つの要素のうち、**通せる無理は1つまで**です。

しかし、「安く」「早く」「良いもの」という3つの要素全てを満たそうとすると無理が重なってしまい、どこかに綻び（＝トラブル）が出てしまうのです。理想を追い求めることは大切ですが、3つの要素のバランスを顧みず無理難題を押し付けると、心ある住宅事業者には手を引かれるリスクがあります。そんな時、無理な条件を飲んでくれる住宅事業者が現れるとすがりつきたくなるかもしれませんが、「無理難題であることを理解していない」「目先の契約が欲しい」「契約さえしてしまえば後からどうにでもなると考えている」といった危険な住宅事業者である可能性もあり、自らトラブルを引き寄せかねません。

このように「安く」「早く」「良いもの」の3つの要素のバランスを意識することで、三大トラブルは回避できるようになります。

本書では、失敗原因の90％を占める三大トラブルを回避するための本質的な考え方を、多くの実例を交えて解説します。本書を読み終わった頃には、事前にトラブルのポイントを押さえたうえで、安心してマイホーム購入を進めることができるでしょう。

※本書では、次のように定義しています。

「住宅事業者」➡住宅会社、不動産会社、建売販売会社、マンション販売会社、リフォーム会社等のこと。

「住宅会社」　➡主に注文住宅を建築する会社。大手ハウスメーカー、地元工務店、建築家のこと。

目次

第2章 後悔しない住宅購入の法則【基礎知識編】

第3章 後悔しない住宅購入の法則【お金編】

第4章　後悔しない住宅購入の法則【品質編】

第5章　後悔しない住宅購入の法則【契約編】

第6章 後悔しない住宅購入の法則【落とし穴回避編】

第7章 後悔しない住宅購入の法則【家族の絆編】

補足章　住宅購入で成功した人たち【事例編】

第１章

後悔しない住宅購入の法則
【入門編】

購入の法則❶ 無知は最大1000万円の損を生む

マイホーム購入では、知識がないだけで大きく損する場合があります。普通の買い物では考えられませんが、無知が大きなリスクとなるのです。

なぜこれほどまでの差額が生まれるのでしょうか？

これは、住宅そのものの価格が大きいだけでなく、決めなくてはいけないことが多岐にわたるからです。そのため、小さな判断ミスが大きな差額を生み出してしまうのです。

マイホームは非常に大きな買い物であり、ほとんどの方にとって初めての経験です。経験も知識も少ないので、おトクに購入できる方法を知らずに割高に購入してしまうことがよくあります。

例えば、**住宅ローン**。借り方一つで大きく支払い額が変わります。

35年返済の場合、金利の差だけで支払利息に500万円もの差額が生じることもあります。例えば、同じ全期間固定金利タイプの住宅ローンでも、銀行によって金利の差が1・1%から2・2%まで幅があり、2倍違うことは珍しくありません。筆者のご相談者でも、借り入れ先

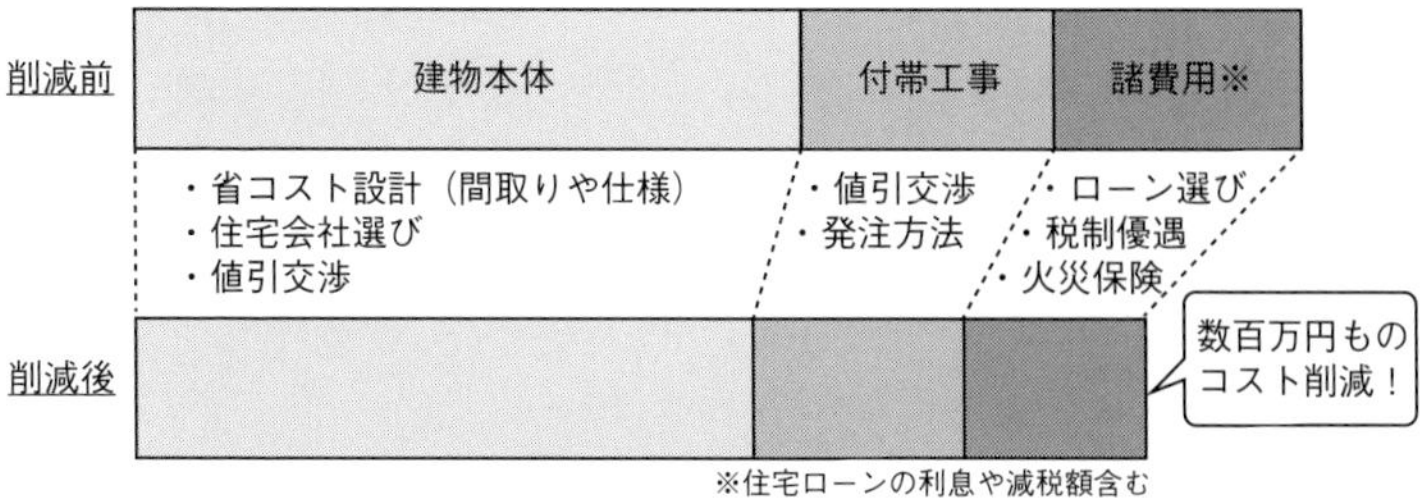

●減額できる項目

の銀行を変えただけで、３００万円ほど支払総額が安くなったケースもありました。また、同じ銀行でも借りる人の勤務先や経済状況によって、金利を交渉することもできます。このように、住宅ローン選びの知識を少し持っておくだけでも、余計な出費を抑えることが可能です。

さらに、住宅会社の営業マンが勧める住宅ローンにも注意してください。住宅会社の推奨であれば借りる側にとっておトクなローンだと思ってしまいますが、一概にそうとは限りません。住宅会社としては、家を買ってもらいたいので、ラクに早く審査を通してくれる銀行を勧めてくることも珍しくなく、その銀行の金利や手数料が低いとは限らないのです。

住宅ローン以外にも、**優遇税制**の使い方や住宅会社の**値引き**などでも金額が変わる場合があります。ただし、値引きに対するスタンスは住宅会社によって差があり、まったく値引きをしないような地元工務店もあれば、大手ハウスメーカーのように交渉次第で大きな値引きを引き出せる場合もあります。そうなると、当然しっかりと知識を持っている人のほうが有利です。

筆者のご相談者には、知識をフル活用して実際に総額1000万円もの支出を抑えた方もいます。物件価格は6000万円と高額でしたが、住宅ローン選びで300万円、優遇税制の活用で400万円、値引きで300万円と少なくない金額を削減できました。

このようにさまざまな知識を持っておくことで、1000万円もの費用を削減することもあり得るのです。

考えてみてください。1000万円の貯金を貯めるのに、どのくらいの期間がかかりますか？　マイホーム購入でそれだけの価値を生み出すこともできるのです。本書で必要な知識を学び、賢い買い方を身につけていただけたら嬉しい限りです。

購入の法則❷ 「家づくり本音会議」をする、しない、では大違い！

マイホーム購入で失敗する典型が、家族の**誰か一人にすべて任せてしまう**ケースです。

例えば「俺には家のことはよくわからないから、お前がやっておいてくれ」とご主人が奥さまに家づくりを任せることは、よくあります。任された奥さまが、土地探しや住宅会社との打合せを一人で頑張り、苦労して図面が出来上がります。それを見たご主人が、あとから「なんで寝室に俺の書斎がないんだ」などと言い出すのです。奥さまとしたら「任せた」と言っておきながら「何を今さら…」と思うはずで、たまったものではありません。

これは決して珍しいケースではありません。仕事に置き換えて想像してください。上司が「すべて君に任せた」と言っておきながら、あとからあれこれ口を出すことはありませんか？最初は家のイメージが全くなかったから「任せた」と言ったものの、間取りが図面という形で見えてくると急にイメージが具現化して言いたいことが出てくるというのは、本当によくあります。でも、このような要望の後出しは、家づくりがやり直しになるばかりか、家族の仲も悪くなりかねません。

そのような事態にならないように意識したいのが、「マイホーム購入は他人に任せるものではなく、そこに住む家族全員で進める」ということ。そして、家族全員でマイホーム購入を進めるために最初にして欲しいのが、家に対する要望や条件を家族で出し合う**「家づくり本音会議」**です。

そもそも、あなたはなぜマイホームを購入したいと思ったのでしょうか？

多くの方が、「今よりも良い暮らしがしたいから」と回答するはずです。

では、その「良い暮らし」とは何でしょうか？　その問いに対する答えが家づくりのスタートラインです。

家族でお互いの理想の暮らしについて話し合うと家のイメージが明確になり、軸がブレなくなるので右往左往せずに済み、失敗する確率が下がります。

家づくり本音会議をしないと家族の家に対する軸がブレてしまい、住宅会社や不動産会社の営業トークにうまく丸め込まれたり、値引きやキャンペーンといった表面的な損得に惑わされて結果的に意に沿わないマイホームを手にしかねません。

注意したいのは、家族の中に「言いたいことが言えない」という人が出てしまうケース。

典型的なのが、ご主人の親御さんと一緒に二世帯住宅を建てる時の奥さまです。

ご主人の実家だけに、遠慮して言いたいことが言えないうちに家が完成。いざ同居がスタートしたら嫁姑問題が勃発、「本当は親世帯に気兼ねしなくて済むように、キッチンは二つに分けたかった…」と不満が爆発していまい、人間関係がギクシャク。

それを引き金に、離婚された悲しいケースもあります。より良い暮らしを目指すためのマイホーム購入なのに、これでは本末転倒です。

家族全員の望む暮らしを明確にして、家族全員が納得できることが大切です。マイホーム購入を考えたら、まずはじめに必ず「家づくり本音会議」を実施してください。

期間は短くても1カ月、できれば3カ月かけて、とことん話し合うことをお勧めします。筆者のご相談者には、半年ほどかけてじっくりと理想の家づくりについて話し合っていただき、望み通りのマイホームを購入された方もいます。

本書には、理想のマイホームを実現するため、はじめにしておきたい「家づくり成熟度チェックシート」を載せています。この20問のうち少なくとも8割は埋められる状態になるまで具体的な行動は控え、「家づくり本音会議」の際にご家族みなさんでチェックしてみてください。

10. **どんな税制優遇や補助金が利用できるか把握していますか？**
□ 把握していない
□ 把握している（具体的に：　　　　　　　　　　　　　　　　　　　　　　）
11. **（親御さんなどの）親族にも、家づくりの了解を得ていますか？**
□ 了解を得ていない
□ 了解を得ている（誰に：　　　　　　　　　　　　　　　　　　　　　　）
12. **親御さんなどと、家づくり資金の援助について話をしていますか？**
□ まだしていない
□ 話をした（資金援助の有無・金額：　　　　　　　　　　　　　　　　　）
13. **建てる場所が決まっていますか？**
□ まだ決まっていない
□ すでに土地がある（これから購入する場合は、エリアや予算、面積等の条件が決まっている）
14. **物件の種類（戸建て・マンション、新築・中古、注文住宅・建売）は決まっていますか？**
□ まだ決まっていない。
□ 決まっている（具体的に：　　　　　　　　　　　　　　　　　　　　　）
15. **どんな外観やインテリアの建物にするか決まっていますか？**
□ まだ決まっていない。
□ 決まっている（具体的に：　　　　　　　　　　　　　　　　　　　　　）
16. **建物の構造・構法は決まっていますか？**
□ まだ決まっていない
□ 決まっている（構造・構法：　　　　　　　　　　　　　　　　　　　　）
17. **希望の建物の広さは決まっていますか？**
□ まだ決まっていない
□ 決まっている（延床面積：　　　　　　　　　　　　　　　　　　　　　）
18. **新居への要望やこだわりを、家族全員が挙げられますか？**
□ まだ決まっていない
□ 挙げられる（家族それぞれ具体的に：　　　　　　　　　　　　　　　　）
19. **新居に求める性能（耐震・断熱性能等）を挙げられますか？**
□ 挙げられない
□ 挙げられる（具体的に：　　　　　　　　　　　　　　　　　　　　　　）
20. **新居に設けたい設備を挙げられますか？**
□ 挙げられない
□ 挙げられる（具体的に：　　　　　　　　　　　　　　　　　　　　　　）

家づくり成熟度 チェックシート

家づくりでは､決めることがたくさんあります。家づくりがスタートしてからだと､じっくり比較検討できずに進んでしまったり、いったん後戻りして再検討せざるを得ないケースもあります。このチェックシートの項目を、本格的に家づくりを始める前に確認しておいてください。

１．新居に入居してから 10 年、20 年、30 年後の家族像やライフプランを家族で話していますか？

□ まだ話していない
□ 話している（10 年後：
　　20 年後：
　　30 年後：　）

２．入居希望時期は決まっていますか？

□ まだ決まっていない
□ 決まっている（時期：　）

３．新居で暮らす家族は何人か決まっていますか？

□ まだ決まっていない。
□ 決まっている（人数：　）

４．住宅購入予算は総額いくらか決まっていますか？

□ まだ決まっていない
□ 決まっている（金額と根拠：　）

５．住宅購入の費用の内訳を知っていますか？

□ 知らない
□ 知っている（できるだけ具体的に：　）

６．住宅購入予算のうち、預貯金の中からいくら頭金を出すか決めていますか？

□ まだ決まっていない
□ 決まっている（金額：　）

７．住宅ローンの借入額の上限を確認していますか？

□ まだしていない
□ 銀行との打合わせや事前審査で、借入可能額を把握している（金額：　）

８．住宅ローンの金利タイプを決めていますか？

□ まだ決めていない
□ 決めている（具体的に：　）

９．住宅ローンの返済期間を決めていますか？

□ まだ決めていない
□ 決めている（返済年数：　）

購入の法則❸

「焦るな」「鵜呑みにするな」「前のめりになるな」

マイホームの商談の場では80％以上の方が「ゆっくり考える時間を取らず、焦って判断してしまった」と言います。それもそのはず、ほとんどの方がマイホーム購入は初めての体験だからです。「判断基準がわからない」「どうやって交渉するのか相談する相手がいない」というのが実態なのです。

値引きの話題に前のめりに目を輝かせ、営業マンの言葉につられて住宅を買い、暮らし始めてから後悔してしまう……。残念ながらこのような失敗がいつまでも後を絶ちません。

そもそも営業マンは、住宅を売るのが仕事です。「いま決断しないとチャンスを逃してしまいますよ」といったセリフは常套句です。

その言葉を鵜呑みにせず、焦らずじっくりと考えてください。

以前、Aさんという方が相談にお越しになりました。

Aさんは、今お住まいの近隣で住み替えを考え土地を探していましたが、人気エリアのためなかなかいい物件が出てきません。ある日ネットを見ていたら、そのエリアに手ごろな物件が出てきたので不動産会社を訪れ、その土地に予算内で望む家が建てられるか相談しました。

不動産会社の営業マンに、工務店の見積を見せられながら「ご覧の通りご予算内で家は建てられます。ただ、人気の場所なのですぐに決めないと売れてしまいます」と言われ、Ａさんは気持ちが焦り契約。後日、別の工務店に見積りを依頼したところ、希望の家を建てるにははるかに予算オーバーすることが判明したのです。

「不動産会社から提示された工務店なら予算には収まるものの、間取りや設備が希望通りではない…」というところで筆者のところに相談に来たのでした。売買契約書を拝見したところ、解約するには何百万円という違約金が発生することが判明。違約金を払って解約するのか、予算を大幅に上げて理想の家を建てるのか、間取りには我慢して予算内で家を建てるのかという、いずれにしても苦しい選択をせざるを得なくなりました。営業マンの言葉を鵜呑みにせずに契約前にしっかり確認していたら、このような事態は避けられた可能性があります。

そこで肝に銘じていただきたいのが、**「焦るな」「鵜呑みにするな」「前のめりになるな」**の3つの言葉。マイホームの購入は高額なだけに、後戻りができません。筆者の経験上、焦って後悔しないためには購入を決めてから入居まで1年はかけたほうがよいでしょう。

土地を選ぶ際も、ゆとりを持って家族と「家づくり本音会議」を開いて、エリア、広さ、環境、価格などの希望・条件を明確にした上で物件情報を探し、現地に足を運んでください。

3ヵ月ほどそれを繰り返したら、物件に対する目利きもできるようになります。

大事なことなのでもう一度繰り返します。

住宅購入の鉄則は、「焦らず」「慌てず」「鵜呑みにせず」です。

もしも検討している間に誰かに先を越され、買いたい物件が買えなかったとしても、「それは自分にとって縁のない物件だった」と考え、気持ちに余裕を持ちながら腰を据えてじっくりと取り組みましょう。

購入の法則❹
家の買い時はいつがベストなのか？

じつは、家にはベストな買い時なんてものはありません。

家づくりのご相談をお受けする中でよく聞かれる質問の一つに「ベストな買い時は？」というものがありますです。このような質問に筆者はいつもこう答えています。

「家族にとってベストだと思えるタイミングが買い時です」

筆者がこのように答える理由は、マイホームは家族全員の「より良い暮らし」のために買うものだからです。結婚や出産、子どもの成長といったライフイベント、転職や退職といった働き方、マイホームを購入してからの家計のやりくりなど、それぞれの家庭に事情があります。さまざまな事情と向き合った上で、マイホームを購入して家族みんなが幸せになれるタイミングこそが、家の買い時です。

「低金利の今がチャンスです」

「建築費が高騰しているから、今契約したら現時点の資材単価でやりますよ」

このようなことを言ってくる営業マンもいます。ついつい、気持ちが揺らいでしまいそうな言葉です。高額な買い物だけに少しでも安くしたいという気持ちもよくわかりますが、このような営業トークに乗せられた契約はしないでください。

なぜなら、営業マンの口車に乗せられて契約し、損失が発生した事例をよく耳にするからです。

実際に契約し、打合せを進めたらその住宅会社の提案力が低く、希望通りの間取りにならないケースもありました。迷いに迷った結果、違約金を払って契約解除することになったのです。この時の違約金は１００万円だったと、後になって聞きました。

もちろん違約金を払うのが嫌で、不満な間取りのまま進めることもできます。でも、せっかく理想の暮らしを実現するマイホームなのに、建ってから不平不満が出たら、ずっとそのストレスが続いてしまいます。

金利を気にする方も多いですが、金利の動向は誰にもわかりません。上がる可能性もあるし、下がる可能性もあります。そのように誰にもわからない情報を信じて何千万円もする買い物の判断をするほうが危険だと思ってください。

マイホームの買い時は、「家づくり本音会議」を行い、ご家族全員が納得のいくように決めましょう。家族で決めたタイミングがベストな買い時なのです。

◆よくあるマイホーム購入のタイミング

☑結婚
☑出産
☑子どもの入園・入学・進学
☑子どもの独立
☑定年退職
☑子や親世帯との同居　など

購入の法則❺

30年後の家族の暮らしを考えて購入せよ

マイホームは、例えるならば「理想の暮らしという終着駅に向かう列車のようなもの」と考えてください。そして、マイホームとひと口に言っても、じつにさまざまな種類があります。

まず大きく分類すると、一戸建てとマンションがあります。さらに、一戸建てでも注文住宅、建売住宅、中古住宅があります。そして、マンションでも新築と中古があります。

次の表のように、マイホームの種類によってメリット・デメリットがあります。種類を選ぶ際には「自分たち**家族が望む暮らし**を実現するには、どのスタイルが最適なのか？」という視点を持ってください。

あくまでもマイホームを購入するのは、「より良い暮らしを実現させるため」です。

例えば、共働きなので「駅近で通勤に便利」「買い物がしやすい」「防犯性が高い」など、生活の利便性を求めるならばマンションのほうが条件的には有利と言えます。

一方で、「自然豊かな環境で子育てしたい」「庭でガーデンニングをしたい」など、住環境にこだわるならば一戸建てが向いています。

●マイホームの種類

種　類	特　徴	向いている人
注文住宅	・立地、間取り、設備、デザインなどに、とことんこだわることができる。 ・手間、時間、コストがかかりやすい。	・こだわりの強い人 ・二世帯や店舗併用、ビルトインガレージなど、特殊な要望がある人
建売住宅	・比較的手軽にマイホームを手に入れやすい。 ・好立地な物件も出やすい。 ・よくある間取りが多い。	・早く、安くマイホームが欲しい人
中古住宅	・比較的低コストで手に入りやすい。 ・物件によって建物のコンディションにばらつきが大きく、物件の見極めが難しい。	・コスト優先の人 ・新築にこだわらない人 ・大がかりなリノベーションで自分好みの家を手に入れたい人
新築マンション	・利便性の高い好立地な物件を手に入れやすい。 ・管理費・駐車場代・修繕積立金など、維持費が戸建てよりもかかりやすい。 ・他の部屋の音や振動が気になる。	・立地・利便性優先の人 ・耐震やセキュリティなどを重視したい人
中古マンション	・利便性の高い好立地な物件を手に入れやすい。 ・築年数によっては電気容量や設備に制限がある。 ・管理費・駐車場代・修繕積立金など、維持費が戸建てよりもかかりやすい。 ・他の部屋の音や振動が気になる。	・立地・利便性優先の人 ・大がかりなリノベーションで自分好みの家を手に入れたい人

間取りやデザイン、設備など、建物にとことんこだわるのであれば新築の注文住宅が向いていますし、予算がそこまでかけらないなら中古物件を購入してリフォームするという方法もあります。

自分と家族の理想の暮らしを明確にし、家計の支払い能力を把握したうえで、マイホームの種類を選んでください。これをせずに進めると、トラブルのもとになります。

よく耳にするのは、マンションを買ったものの、わずか数年で戸建住宅に引っ越すという話です。

理由を聞いてみると、「子どもが大きくなって部屋が手狭になった」「子どもの遊ぶ音が周りの迷惑になっていないか気になった」というものが大半です。普通に考えたら「そのくらいは予測できるのでは？」と思いますが、マンションのモデルルームの雰囲気に圧倒されたり、営業マンのトークに押されて契約してしまったというケースもあります。モデルルームを見学する際は、その部屋で自分たち家族にとって理想の暮らしができるのかをよく想像してみてください。

それも、今だけでなく10年後、20年後、30年後の家族や暮らしを想像してください。

マイホームは、より良い暮らしを実現する手段として存在します。目的と手段をくれぐれも間違えないようにしなければなりません。

購入の法則❻　不動産投資とマイホーム購入は似て非なるもの

マイホームを購入する時に、売却後の資産価値を意識する方がいます。不動産投資として考えるなら、資産価値を重視するのは当然のことです。しかし、はっきりお伝えしますが、不動産投資とマイホーム購入はまったく別物です。なぜなら、そもそも目的が根本的に違うからです。

不動産投資とは、利回りを重視し、投下した資金を不動産を通じて増やす行為です。一方、マイホーム購入とは今よりも「より良い暮らし」や「快適さ」を求めて資金を投じる行為です。

以前、「田舎暮らしができて、資産価値が落ちない物件はありませんか？」というご希望で、マイホーム購入の相談を受けたことがありました。

しかし、一般的に自然環境が豊かな物件は、資産価値が低くなる傾向があります。資産価値は立地の良さ、例えば都心に近い、駅に近い、利便性が良いといった条件によって決まるからです。そのため、資産価値を保つこととご相談者にとっての理想の暮らしの両立は難しくなります。

ご相談者も自然の豊かな場所で、資産価値が下がりにくい物件を探してみたものの、やはり

●不動産投資とマイホーム購入の違い

	マイホーム	不動産投資
目的	理想の暮らし実現	資産運用
住む人	自分たち家族	他人
立地	自分たちの望む利便性や環境に合わせる	住環境よりも立地を優先するケースが多い
間取り	自分たち家族に合わせる	その地域のマーケットやターゲットに合わせる
コストのかけ方	こだわりに合わせて、かけるところにはコストをかける	利回りが出るよう、とにかくコストは抑える

そのような物件はありません。

最終的にそのご相談者は、マイホーム購入の原点に戻り、資産価値よりも自然に近い快適な暮らしを優先し、結果的には理想の暮らしを安価に手に入れました。人生における暮らしの質を上げることができたわけです。これこそが、まさにマイホームの価値だと私は考えています。

繰り返しますが、マイホーム購入で考えるべきことは、「自分たちがどういう暮らしをしたいのか？」です。ぜひ、この質問を自分や家族に問いかけ、そして話し合ってください。その答えがマイホームを購入する目的であり、家族が求める価値になります。

不動産投資とマイホーム購入は似て非なるものです。資金的に余裕があって資産価値と理想の暮らしの両立が可能ならともかく、そうでなければ「二兎を追うものは一兎も得ず」ということになりかねません。不動産投資とマイホーム購入の目的をしっかりと分けて考えた上で、マイホーム購入を進めてください。

購入の法則❼
本当にあった怖い営業マンの話

マイホームの品質は「住宅会社の営業マンによって大きく左右される」と言ったら皆さんはどう思いますか？

「まさかそんなことはない」と思われるかもしれませんが、実際に同じ住宅会社でマイホームを建てても、担当営業マンの力量の差でスムーズに進む場合と大きなトラブルが発生する場合と、大きく結果が変わることは珍しくありません。マイホーム購入の成功の鍵は、住宅会社の**営業マンが９割握っている**と言っても過言ではありません。特に注文住宅の場合、この傾向が顕著に見られます。マイホームを購入される皆さんは、ぜひ営業マンの言動にしっかりと意識を向けてください。

では、筆者が聞いた〝本当にあった怖い営業マンの話〟を紹介しましょう。

契約してから「やっぱりできない」と言う営業マン

契約前の間取りを営業マンが作成することがあります。営業マンとの打合せが順調に進み、青写真が見えてようやく契約。

そして、契約後は設計担当の建築士が引き継ぎ、具体的な設計に入ります。この時になって初めて、営業マンの提案内容では予算内では建築できないことが発覚し、トラブルになることがあります。一見問題なさそうに見えるのですが、構造や耐久性に問題があり、仕様や間取りを変えないと先に進めず、あっという間に予算オーバーになってしまったのです。

付帯工事の後出し見積りをする営業マン

注文住宅にかかる費用は、建物本体工事以外に、付帯工事、工事以外の諸費用と多岐にわたります。この時に注意してほしいのが付帯工事です。

付帯工事とは、例えば水道の引き込みや地盤改良といった、個々の土地ごとで必要になる工事のことです。付帯工事は、建物本体工事とは別見積りとして提示されることは珍しくないのですが、契約後にようやく提示された付帯工事の見積りを見たら、大幅に予算をオーバーしていたというとんでもないケースもあります。

営業マンが不慣れでうっかり忘れていることもありますが、中には契約欲しさに意図的に後出しをする営業マンがいます。最初の見積りで安く見せ、契約を結んだ後に「じつはさらに調査した結果、追加工事が必要です」と後出しで追加工事を迫るのです。

以上のエピソードを聞いて、「こんなこと本当にあるの？」と思われるかもしれません。しかし、残念なことにこのような契約後のトラブルは実際に起こっています。

こちらの話に耳を傾け、自社のメリットだけでなくデメリットも細かく説明するかどうかが、営業マンを見極めるポイントの一つになります。

営業マンによって、マイホーム購入の段取り、価格、仕上がりが左右されかねません。なんとも怖い話ですが、マイホーム購入のリスクの一つとして知っておくべきなのです。

ここで営業マンのスキルを見極める質問とポイントを紹介しますので、参考にしてみてください。

◆営業マンに聞きたい質問集

☑どんなお客さんが多かったですか？
⇓営業マンはウマの合うお客さんとしか契約できない
⇓紹介客が多い営業マンは、顧客満足度が高い

☑家づくりには、いくらかかりますか？
⇓優秀で顧客想いの営業マンは、建物本体以外の付帯工事や諸費用まで
しっかり説明してくれる。そうでない営業マンは、経験不足か金額を

低く見せて早く契約したいかのどちらかの可能性あり。
☑御社の商品の弱点を教えてください。
⇓優秀な営業マンは、言いにくいこともしっかり説明してくれる。
☑過去にあったトラブルを教えてください。
⇓住宅の購入では、大なり小なりトラブルはつきもの。トラブルの有無が問題なのではなく、起こったトラブルに対してどのような対処をしたかを聞く。

⇓もし「これまで一切のトラブルはありませんでした」という営業マンがいたら、トラブルをトラブルだと認識していないか、嘘つきの可能性があるので要注意。
☑実際に建てたお宅を見学させてください。
⇓実際に建てた家を見ることで間取りや設備の仕様、品質がわかるとともに、そこに住むオーナーの話を聞くことで、契約後・入居後の満足度がわかる。

⇓もし「お客様のプライバシーにかかわるので、お見せできない」などと言われるならば、顧客満足度が低い可能性あり。
☑ホームインスペクションを入れてよいですか?
⇓第三者の検査を拒むようならば、施工品質に自信がない可能性あり。

⇓自信をもっている住宅会社や営業マンならば、むしろ堂々と第三者の検査を受け入れてくれる。

◆営業マンの見極めポイント集

☑こちらの話を聞いてくれるか？
⇓顧客を尊重してくれるかがわかる。口では「お施主様が第一です」と言っていても、こちらの話を聞かずに話してばかりの営業マンは会社都合を押し付けてくる可能性がある。

☑都合の悪いことを説明してくれるか？
⇓優秀な営業マンは、顧客の納得感を重視するとともに、しっかり説明しておくことであとからのトラブルを防ぐ。

☑他社の悪口を言わないか？
⇓実力・実績がある営業マンは自分の能力で契約が取れるので、他社を貶めるような悪口を言わない。

⇓逆に自信や能力のない営業マンは他社を貶めて自分を良く見せたがる。

☑建築が好きか？
⇓住宅・不動産業界は異業種からの転職も多く、残念ながら単にモノを売って給料を得るためだけに仕事をする。契約したらそれっきりという営業マンもいる。

⇓住宅や建築好きな営業マンとは契約後・引き渡し後も末永いお付き合いができる。

☑話しやすい人柄か？
⇓話したときの感触で、その営業マンとの相性がわかる。最後は「人」。
いくら優秀な営業マンでも性格が合わないとスムーズに打合せも進まない。

購入の法則❽

優先順位さえ押さえれば怖くない

マイホーム購入には大きな金額が動きます。そのうえ、欠陥住宅などのトラブルを耳にする度に、怖いと思うかもしれません。でも、あらかじめポイントを明確にして**優先順位**を押さえておけば、恐れることはありません。

これまで紹介したトラブル事例も、結局は予備知識もなく、行き当たりばったりに進めてしまったことが原因です。

マイホーム購入において押さえるべきポイントはとてもシンプルです。

次の３つをまずしっかりと押さえましょう。

☑ポイント１　マイホーム購入の目的である「理想の暮らし・夢」を明確にする
☑ポイント２　いまだけでなく将来にわたる「お金」という現実と向き合う
☑ポイント３　理想の暮らしとお金を踏まえて、要望の優先順位を決めるそもそもマイホームを購入する目的は何でしょうか？

誰しも「**今の暮らしよりもいい暮らしがしたい**」という想いや夢があります。その暮らしの形は家族によってさまざまです。家というのは暮らしの場なので、マイホームを考え始めたら自分たち家族がどのような暮らしを望むのかをまず明確にしないことには始まりません。

理想の暮らしが明確になったら、次は**お金**です。目的や夢を実現する家ができても、金銭面で負担が大きく、家計が破綻しては意味がありません。

「あれもこれも必要だ」と欲張ってしまったら、どんどん予算が上がってしまいます。理想の暮らしや夢を実現する要素を「**①絶対に外せないもの**」「**②余力があればやりたいこと**」「**③絶対ダメなこと**」と、優先順位を付けて考えを整理しておくと、その後の家づくりが迷わずスムーズに進められるようになります。

例えば、定年退職間際のBさんは、この3つのポイントを押さえて優先順位を付けたことで、思っていた以上の理想のマイホームを実現しました。

Bさんはもともと戸建ての賃貸住宅で暮らしていましたが、定年退職を機に老後ゆっくりできる家に住みたいと考えてマイホーム購入を検討されました。

Bさんの一番優先したい希望条件は、ピアノの先生をしている奥さまがピアノ教室を開ける家というもの。そのためには、今までの生徒さんも通える立地で、専用の教室ができる広い部屋が必要でした。

ところが、いま住んでいる場所は人気エリアで地価が高く、土地を購入して注文住宅を建てるとかなりの予算オーバーになります。比較的価格を抑えられる新築の建売住宅を探してみたものの、希望条件を満たす物件は見つかりません。

発想を変えて、新築にこだわらず中古住宅も視野に入れて物件を探していたところ、絶好の中古住宅が見つかりました。大学教授の家だったので、書物をたくさん収納できる大きな仕事部屋があったのです。その仕事部屋を防音リフォームすればピアノ教室をつくれます。Bさん夫妻は、中古住宅の購入＋リフォームという選択をすることで、予算オーバーもなく、むしろ当初の予算より安く、望み通りのマイホームを手に入れることができました。

このように、望む暮らしと家計を踏まえてポイントと優先順位を明確にし、適切な知識と計画をもって進めれば、マイホーム購入は怖いものではありません。次章以降でマイホーム購入におけるポイントについて順を追ってお伝えしますので、ぜひ実際に役立ててください。

第２章

後悔しない住宅購入の法則
【基礎知識編】

購入の法則❾

住宅の種類によって最適な戦略・戦術は異なる

求めるマイホームの種類によって、ベストな購入方法は変わってきます。住宅事業者によって**得意分野と不得意分野**があり、あなたの希望するマイホームの種類を扱っていないこともあるからです。最初に行く住宅事業者選びを間違えると、「理想の家とはかけ離れてしまった…」と後悔することになりかねません。

例えば、戸建ての注文住宅が欲しい人がマンションのモデルルームを見学しても、あまり参考にならないでしょう。戸建てとマンションでは広さも建物の建て方もまったく異なるからです。さらに、同じ戸建てでも、注文住宅と建売り住宅では購入の進め方が異なります。

このような知識を持たずに理想のマイホームと異なるモデルルームを見に行ったら、営業マンのセールストークやその場の雰囲気に流されて、勢いで契約してしまうかもしれません。実際に住んだ後に、「理想の暮らしができなかった……」と後悔しても後の祭りです。

戸建てでは、建売住宅、注文住宅、中古住宅といった住宅の種類によって、話をすべき住宅事業者も変わってくるので注意が必要です。

●マイホームの種類別の行き先と情報収集手段

種類	行き先	情報収集手段
注文住宅	・注文住宅を建てる住宅会社。大手ハウスメーカーや地元工務店、建築家。 ・最近は無料で住宅会社を紹介する相談窓口・相談所も増えている。	・インターネットや雑誌 ・総合住宅展示場や単独モデルハウス ・見学会等のイベント
建売住宅	・建売販売会社 ・不動産会社	・インターネット ・折込チラシ ・現地の案内看板
中古住宅	・不動産会社 ・リフォーム会社	・インターネット ・折込チラシ
新築マンション	・マンション販売会社	・インターネットや雑誌 ・モデルルーム ・折込チラシ ・現地の案内看板
中古マンション	・不動産会社 ・リフォーム会社	・インターネット ・折込チラシ

建売住宅の場合、話をするのは売り主の建売会社か仲介する不動産会社です。チラシやインターネットなどを見て、気になる物件があれば問い合わせすることになります。注文住宅の場合、話をするのは大手ハウスメーカーや工務店・建築家です。住宅会社によって耐震性や気密・断熱性、デザイン、保証、価格帯、得意分野、対応エリア、会社規模も違うため、ハウジングセンターやモデルハウスで話を聞いたり、インターネットや雑誌などで情報を集めることになります。

中古住宅の場合、話をするのは不動産会社になるので、インターネットの不動産ポータルサイトで情報収集した上で、実際に不動産会社を訪ねるのが一般的です。

このように、求めるマイホームの種類によって訪問すべき住宅事業者が変わります。事前の「家づくり本音会議」の段階で、**理想の暮らしや理想**

のマイホームを明確にしておきましょう。「理想の暮らしを叶える手段として一番ふさわしいマイホームどんなものか？」という視点で住宅の種類を決めてください。

マンションのモデルルームやハウジングセンターは、理想の住宅を検討するうえで、たしかに有益な情報源です。しかし、そういった各種展示場は、住宅会社にとってはセールスの場です。購買意欲を掻き立てるようにさまざまな演出がされています。

そのため、目的意識をはっきりさせておかないと、現地の演出に夢見心地になり判断を誤りかねません。そうなると、営業マンの〝思うツボ〟です。買いたくない家を買う必要はまったくありません。くれぐれも営業マンのペースに乗せられないでください。

情報収集の段階では野次馬的にモデルルームやハウジングセンターを見てもいいのです。営業マンに言い寄られても「どんな家をいつ建てるかはまだ決めていないので、まずは見学だけさせてください」と伝えるのも一つの手です。

このようにして情報を集めたら「家づくり本音会議」で家族の感想や意見を出し合って、条件や優先順位をもとにマイホーム購入の進め方を組み立ててみてください。

購入の法則⑩　「お金」「品質」「契約」は三大トラブルと心得よ

住宅・不動産業界は、別名〝**トラブル産業**〟とも言われています。そのトラブルは「**お金の問題**」「**品質の問題**」「**契約の問題**」の3つに集約されます。

お金の問題は、予算オーバーや住宅ローンの返済に関することです。

品質の問題は、引き渡しを受けた建物が打合せ時のイメージと違ったり、仕上がりが悪かったり、なかには欠陥があるなど、建物自体に問題があるケースです。

契約の問題は、「仮契約したが希望の建物ができる気配もないので解約しようとしたら多額の違約金を請求された」「工期が遅れて仮住まいの期間が長引いた」などのケースです。

ではなぜ、トラブルはこの3つに集約されるのでしょうか？

それは、この3つがマイホーム購入において**優先順位が高い要素**だからです。誰しも、「安く」「グレードの高い家を」「早く」手に入れたいと思うもの。その度が過ぎてしまうと、当の本人はまじめに理想のマイホームを求めているつもりでも、プロから見たら常識が通用しない顧客と思われ、住宅事業者から相手をされなくなるケースもあります。そんな条件でも「弊社

●よくある家づくりのトラブル

種　類	内　容
お金の問題	・契約後に仕様を変更したら予算がオーバーした。 ・当初見積りに含まれていない工事があり、あとで追加請求された。 ・建築時の中間金など、必要な時に支払うお金を用意できなかった。 ・住宅ローンの返済で家計がきつくなった。
品質の問題	・色や広さなどが、設計打合せ時と完成時でイメージが違った。 ・断熱など、思っていたほどの性能がなかった。 ・キッチンなどの設備が使いにくかった。 ・キズや汚れがあるなど、仕上がりが悪かった。 ・雨水が漏れるなどの欠陥があった。
契約の問題	・「仮契約」を交わしたが、思った建物ができないので解約しようとしたら多額の違約金を請求された。 ・工期が遅れた。 ・希望していた税制優遇や補助金を受けられなかった。

なら大丈夫です」と引き受ける住宅事業者は、あとから「やっぱりできません」などと言い出すかもしれません。最悪のケースは、受注はしたものの倒産してしまうことさえあります。三大トラブルに引っかかる人は、価格・仕様・工期という3つの要素全てに無理難題を言って、自ら顧客想いの住宅事業者を遠ざけ、トラブルを引き寄せているとも言えるのです。

マイホームはほとんどの人にとって一生に一度の買い物で、知識や経験がありません。最低限の知識は本書を参考にしながら情報収集すればある程度得られます。

そして、マイホームは大きな買い物なので、**住宅事業者任せにしない**という姿勢も必要です。特に大事なのはマイホーム購入を思い立った初期段階の動き方。その後の具体的な住宅事業者や物件選びに大きな影響を与えるので、以下の7つのステップで進

成功STEP1　暮らし方を明確にするための情報収集
↓
成功STEP2　家への要望・条件は理想の暮らしから逆算する
↓
成功STEP3　適正予算額は家計から逆算する
↓
成功STEP4　予算と要望から優先順位をつける
↓
成功STEP5　スケジュールと行動計画を決める
↓
成功STEP6　希望の住宅に合わせた行動をする
↓
成功STEP7　決断に迫られた時は原点に立ち戻る

めてください。

なお、「お金」「品質」「契約（工期）」の3つの要素のうち、どうしても予算を抑えたいと考えたとします。

この場合には、「内装や設備のグレードを下げる」「住宅事業者の閑散期に工期をずらす」といった工夫で、コストを抑えることもできます。

つまり、3つの要素すべてを満たそうとすると無理が生じてトラブルにつながりますが、3つの要素のうち1つまでならば、それ以外の要素と調整することで実現可能です。マイホーム購入では**「通せる無理は1つまで」**と覚えておいてください。

購入の法則⑪

成功STEP1 暮らし方を明確にするための情報収集

先述した家づくり成熟度チェックシートを仕上げるためには、自分たちの理想の暮らしについて家族で考える必要があります。そして、理想の暮らしを明確に描くためには、情報収集が必要です。

ここでは、そのポイントや注意すべき点についてお話ししたいと思います。

まず、幅広く簡単に情報収集できる方法は、やはり**インターネット**です。望む暮らし方に関連するキーワードを入れて検索すると、即座に多くの情報が入手できます。

次に有効なのが、**モデルルームやモデルハウス**、**内覧会**に出向き、住宅会社や不動産会社の話を聞くことです。インターネットよりも深い情報を得ることができます。

ただし、注意したいポイントがあります。それは、インターネットの情報も、モデルルームの営業マンが語る説明も、ほとんどが〝**ポジショントーク**〟になりがちという点です。

例えば、木造建築を主とした工務店ならば、設計の自由度や断熱性など木造の良さをPRし、鉄骨での建築を主とするハウスメーカーならば、大空間・大開口を確保できる構造の強さをＰＲします。

つまり、住宅会社や不動産会社といった売り手は、自分たちの強みを全面に打ち出してくるわけです。それが常套手段だと知っておいてください。

ポジショントークを聞いても踊らされず、情報を客観的に判断するコツがあります。

それは、相手の話や情報の中で自分が共感・納得したことや大切だと思ったことをひとつずつメモすることです。そして、メモを持ち帰って時間をかけてひとつずつ「これは本当に必要なのか?」と一歩引いてみて整理することが大切です。話を聞いた瞬間は必要だと思っていたことが「じつはそれほど大事でもなかった」「自分の求める暮らし方には必要なかった」と気づく場合もあります。

また、共感したことを、あえて逆の主張をする営業マンにぶつけてみて、違う見方を知るのも有効です。そのうえで、当初家づくり本音会議で話し合った家族の要望と見比べて採用の可否を検討すれば、営業トークに左右されることもなくなります。そのようにして見たこと、聞いたこと、感じたこと、話したことは、**「家づくりノート」**を作り、時系列で記録しておくことをお勧めします。全体を俯瞰できて内容を深く理解できるとともに、あとから振り返った時にどのように考えて行動し、決定したかがわかるようになります。

この時点での情報収集の目的は、あくまでも**暮らし方を明確にして家の要望や条件を定めるため**です。住宅事業者や物件を決めるための情報収集ではありません。セールストークに影響されて、くれぐれも自分軸を見失わないように十分注意してください。

◆ポジショントークに踊らされないコツ

☑共感したことを家づくりノートにメモし、あとから見返す
☑共感したことに関して、逆の主張をする営業マン（住宅事業者）に見解を聞いてみる
☑家づくり本音会議で挙がっていた要望とすり合わせる

購入の法則⑫
成功STEP2 家への要望・条件は理想の暮らしから逆算する

家づくりの要望や条件は、**理想の暮らし方から逆算して決めることが鉄則**です。

失敗しやすいパターンは、「リビングは広くて、20畳ぐらいがいい」「書斎は最低でも8畳は欲しい」といったように、間取りを広さで決めてしまうことです。

なぜならば、先に広さを決めると、そこに縛られて自由な発想ができなくなるからです。具体的なプランはプロである住宅会社が提案してくれるので、具体的な広さや形よりもその部屋でどのように過ごしたいのか？」を明確に決めてください。

例えば、リビングでは家族との団欒に使うだけでいいのか、友人を招いてホームパーティをしたいのかで、間取りが大きく変わってきます。

しかも、同じホームパーティでも、リビングだけを使うのと、キッチンを使って大勢で料理するのかで、必要な広さや動線、空間構成はまったく違ってきます。他の空間とつなげて広く使う場合でも、ウッドデッキとつなげて屋外も活用するなど、さまざまな選択肢があります。

それぞれの部屋でやりたいことを、より詳細にイメージすることが大切です。

新居での**自分の居場所**を想像してみることも有効です。男性ならば書斎、女性ならばキッチンなど、そこでの過ごし方を想像すると、それを起点に新居の具体像が見えてきます。また、**独身の頃や子どもの頃**を思い返すのも一つの方法です。仕事や育児に追われ忘れていた夢を思い出すかもしれません。

暮らし方を明確にするために、家づくりノートに加えて、理想の暮らし方の**イメージ写真集**を作っておくと、家族でイメージを共有しやすくなります。

写真の素材はＳＮＳやインターネット、雑誌などから自由に選び、自分がピンときた画像を収集します。このとき、ピンときた理由や惹かれたポイントをしっかりと言葉にしておくと、より価値観が明確になります。

誰が見てもイメージできる資料が作れたら、住宅事業者との打合せや交渉もスムーズにいき、住宅事業者から思いもよらなかったアイデアも出てくるかもしれません。

イメージ写真集は、家族や住宅会社と価値観をビジュアルで共有できるだけでなく、家族の絆を深めるツールになります。マイホーム購入は時間もかかり、うまく進まないこともありますが、イメージ写真集を見ることで、マイホーム購入への意欲を維持する効果もあります。

◆こんなことをイメージしよう
①広さよりも、使い方を考える
②新居での自分の居場所はどこか？
③独身だった頃や子どもの頃の夢は？

購入の法則⑬

成功STEP③

適正予算額は家計から逆算する

理想のマイホーム購入のために、暮らし方と同じくらい大切な要素が「**予算**」です。予算は、家づくりの三大トラブルの一つ「お金の問題」に直結します。最大のポイントは、「**マイホームの適正予算は、家計から逆算する**」ということです。

なぜ、家計が予算のポイントとなるのでしょうか？

マイホームを購入するとき、ほとんどの人が住宅ローンを利用します。ローンの支払いは20年、30年と続きますので、将来のライフプランを見越した家計収支で判断をしないと、途中で返済が行き詰まることになりかねません。

よく、ローンを借りる人の年収で予算や借入額を決めることがあります。これは一見わかりやすい考え方ではありますが、銀行が貸してくれる金額の**目安**にすぎません。銀行は住宅ローンの返済が滞っても、マイホームを差し押さえて売却することで資金を回収できるのです。銀行が貸してくれる金額と、理想の暮らしをしながらゆとりをもって返せる金額は違います。

例えば、年収が同じであっても共働きかどうかによって世帯年収は変わりますし、子どもがいない世帯と子ども3人の世帯では教育費の支出が大きく変わります。ですので、今だけでなく将来にわたる長いスパンで、家族のライフプランに合わせて家計の収支をシミュレーションする必要があるのです。

よくある失敗例が、住宅ローンを借りた最初の数年間は問題なく返済できたのに、貯蓄が増えていることで油断してしまったケース。家計管理がおろそかになり、子どもが高校や大学進学で教育費の負担が大きくなる頃に家計が一気に赤字になることがあります。原因はだいぶ前に借りた高額な住宅ローンですが、水面下で知らない間に家計が悪化し、気づいた時に「家計の赤字」という形で爆発するので、私はこれを**「家計の時限爆弾」**と呼んでいます。

また、会社員や公務員だと、年収の7倍、最近では8倍も住宅ローンを貸してくれるケースもあります。

「年収が600万円あれば、住宅ローンは4200万円借りることができますよ。銀行が貸してくれますし、一生に一度のマイホームですから、ここは思い切っていかがですか?」という営業マンの言葉を鵜呑みにせず、自分と家族の生活を守るために、マイホーム購入の際には必ず家計を診断してください。ファイナンシャル・プランナー(FP)に依頼すれば、数十年にわたる家計の収支をシミュレーションした**キャッシュフロー表**などを作成してくれます。筆者もFPとして「マイホーム予算診断」という名前でキャッシュフロー表を作っています。キャッシュフロー表を作ると、適正なマイホームの予算額だけでなく、**人生の三大資金**

（「**住宅資金**」「**子どもの教育資金**」「**老後資金**」）も見えてきます。マイホーム購入時に限らず、キャッシュフロー表を作成しておけば、今後の「**家計の地図**」としてゆとりある家計と暮らしを営む強い味方になります。

購入の法則⑭

成功STEP4 予算と要望から優先順位をつける

家計と暮らし方からマイホーム購入に向けて優先順位をつけることとは、**現実（予算）と夢（要望）のバランスを取る**ということです。

まず、大前提として「すべての夢を叶えられる理想の家というものはない」とお考えください。あれもこれもと要望をつぎ込んでいったら、予算がどんどんオーバーしていくからです。資金が潤沢にあるなら理想のマイホームを実現できるかもしれません。しかし、資金に余裕がある人はやりたいことが膨らみ、金額が上がってどこまで要望を入れるかで迷うことがほとんどです。

では、具体的にどのようにして予算と要望のバランスを取ればいいのでしょうか？

そのコツは、マイホームへの要望に優先順位をつけること

一つ目は「**絶対にやりたいこと**」

二つ目は「**絶対やりたくないこと**」

三つ目は「**できればやりたいこと**」

大まかなランク分けで大丈夫です。細かく順位をつけてしまうと、逆に自由な発想が出にくくなってしまうからです。

この優先順位に従ってマイホームを形にしていくのですが、「絶対やりたいこと」は最優先とし、「絶対やりたくないこと」は避け、「できればやりたいこと」の中からどれを採用してどれを取り止めるかを家族で相談してください。これでマイホームのポイントが明確になり、物件や住宅会社が格段に探しやすくなります。

早い段階で優先順位をはっきりさせておくと軸がぶれなくなるので、その後のマイホーム購入もスムーズになります。じっくりと腰を据えて優先順位を決めてください。

◆要望に優先順をつけよう
①絶対にやりたいこと
②絶対やりたくないこと
③できたらやりたいこと
⇒これをどこまでやるかで悩む人が多い

購入の法則⑮

成功STEP5 スケジュールと行動計画を決める

要望の優先順位づけができたら、いよいよマイホーム購入に向けて行動することになります。マイホームは大きな買い物なので、やみくもに動いてもスムーズに進まないばかりか、トラブルを呼び込んでしまいます。一つずつ段階を踏んで着実に進めるために、事前におおよそのスケジュールと行動計画を立てましょう。家族みんなが納得して進めるには、どうしても一定の時間がかかってしまうものです。

マイホーム購入は、思いたってスタートしてから実際に住み始めるまでに、**1年かかる**と考えてください。急がば回れという言葉の通り、早く新居に住みたいからと言って数カ月でマイホームを購入すると、家族で相談し比較検討する時間が十分に取れず、後悔することになりかねません。

また、焦ってはいけないと言っても、1年以上の長期間になると、体力や気持ちが萎えるリスクもあります。そういう点で、マイホーム購入の適正な期間はおおよそ1年、少し長くなっても1年半以内がベターです。

家の種類によっても変わりますので、マイホーム購入を考え始めてから入居までのスケジュールは、各図❶～❸を参考にしてください。

ここまで見てきた通り、要望整理までは共通していますが、これ以降は家の種類によって進め方も変わってきます。

図❶の中古・建売住宅の場合は、理想の物件が見つかれば買い付け申し込みをし、価格などを交渉して納得すれば契約し、引き渡しとなります。ここで挙げている中では比較的シンプルなので、スムーズに物件が見つかれば半年で新居に引っ越すこともできます。

これに対して図❷の所有している土地に注文住宅を建築する場合は、建物がゼロからのスタートになるので住宅会社選びや設計、施工と長期にわたります。

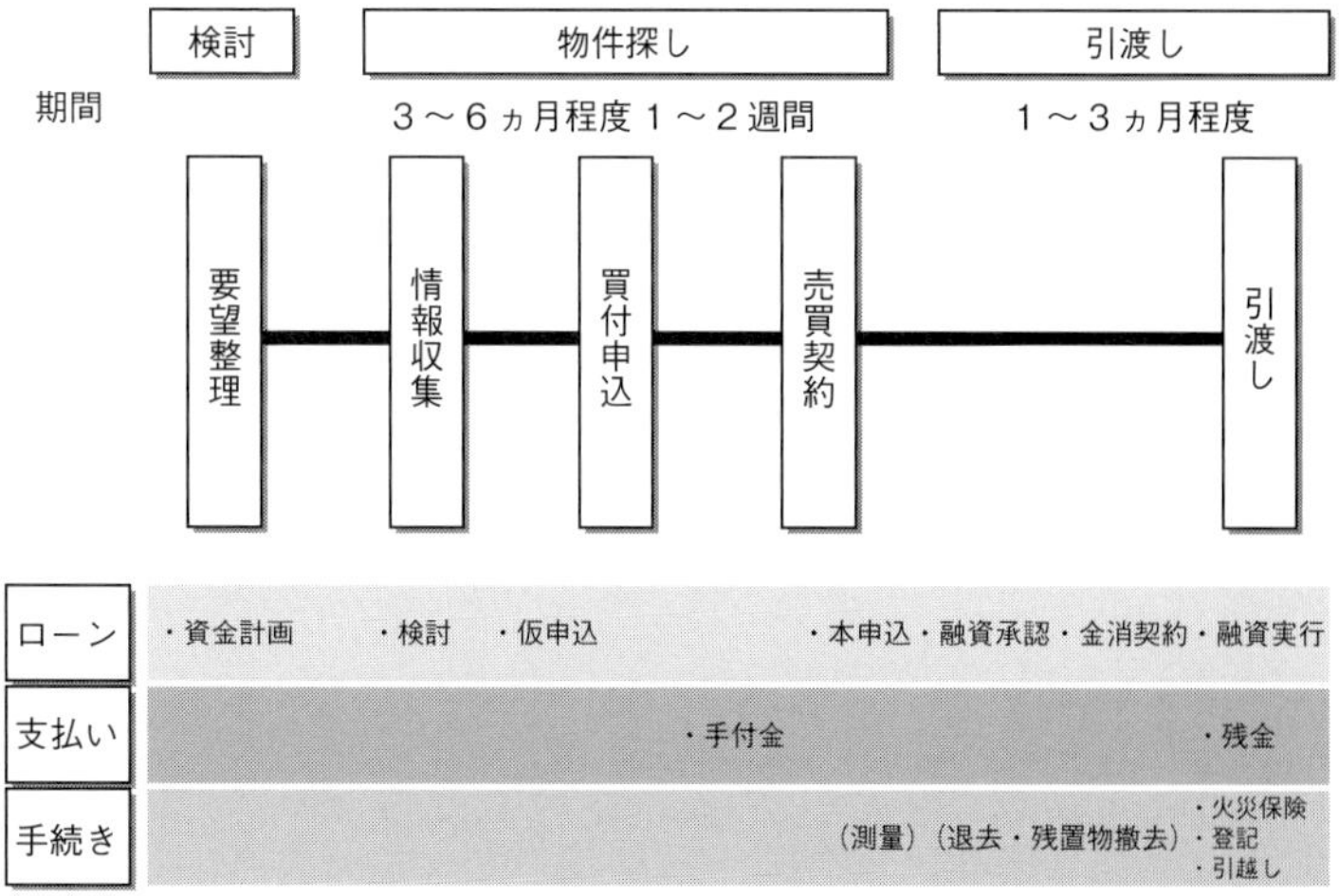

●入居までのスケジュール（図❶中古・建売住宅の場合）

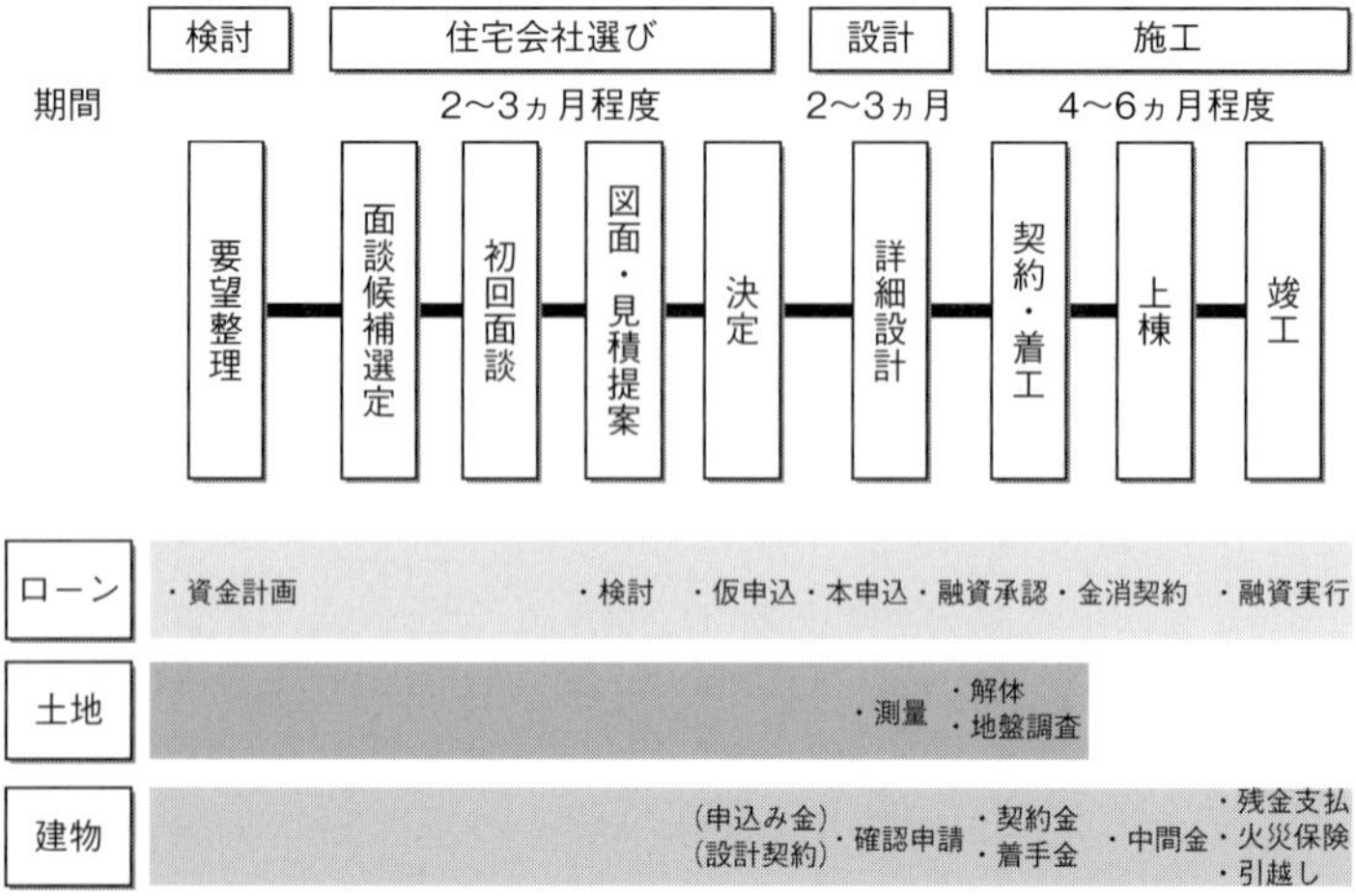

●入居までのスケジュール（図❷注文住宅の場合）

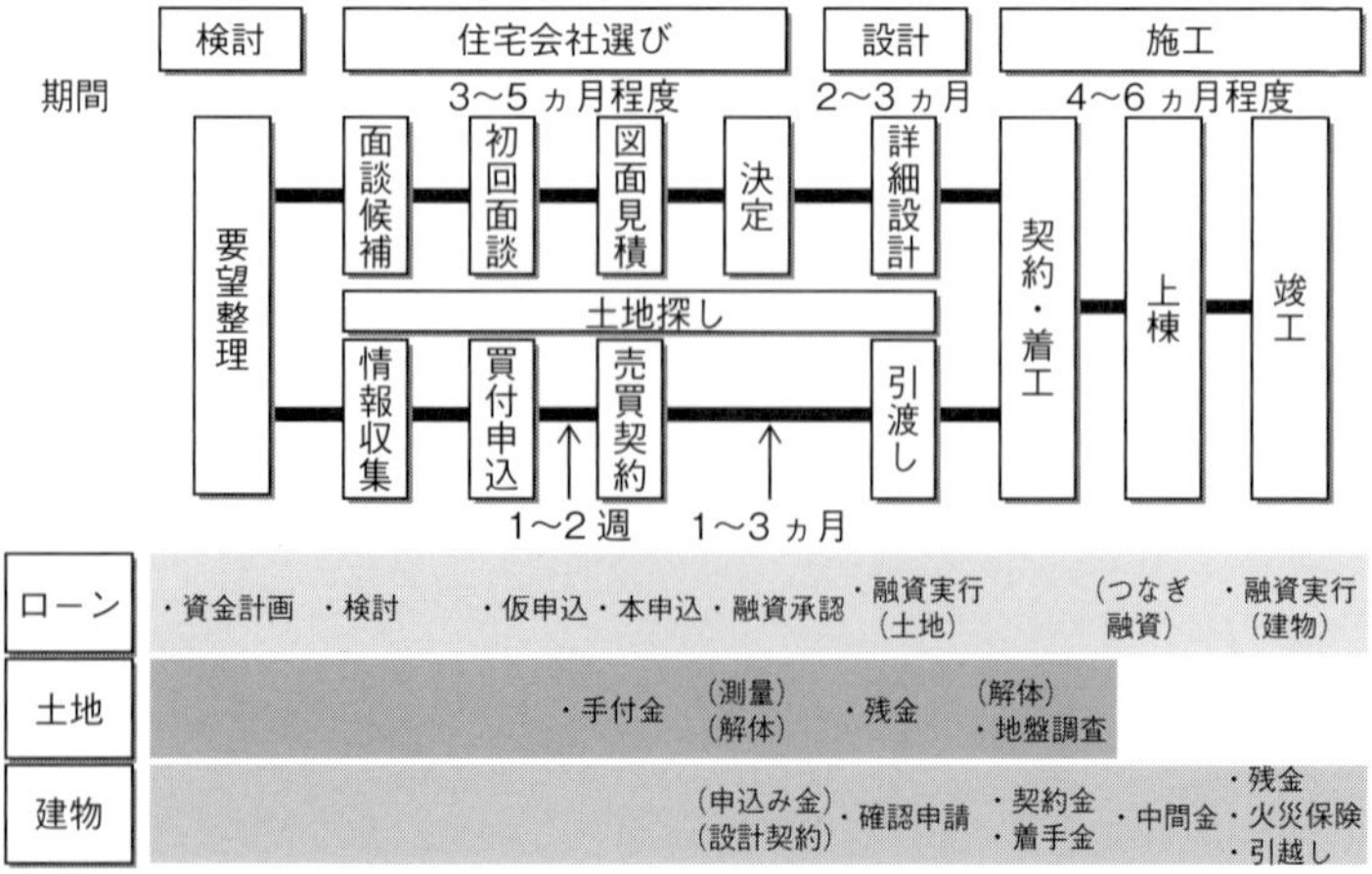

●入居までのスケジュール（図❸土地購入＋注文住宅の場合）

さらに図❸の土地を購入して注文住宅を建てるケースでは、建物の前に土地探しが加わるので、土地がなかなか見つからなければさらに新居へ入居するまでの期間が延びます。どの種類の家を選ぶにしても、希望の入居時期から逆算してゆとりを持って進められるようにスケジュールを組み立てましょう。

仕事の繁忙期や子どもが生まれるといった大きなイベントがあるときは、その時期が住宅会社との契約といった重要な工程と被らないように調整することも必要です。また、二世帯住宅を検討する場合は、関係者の人数が多くて合意形成に時間がかかるので、通常よりも長めのスケジュールにしたほうがベターです。

気持ちが焦ると判断を誤りやすくなるので、あまりに入居希望時期まで間がないときは、あえてスケジュールを遅らせる勇気も必要です。

マイホーム購入は思った以上に手間がかかるので、気持ちが萎えて「今の住まいでも不自由していないから、マイホームはやっぱり当分先でいいか」などと思うこともあります。最初にきっちり「いつまでに新居に引っ越す」という期限を決めておきましょう。

これからどのような流れになるのかご自身のスケジュールと行動計画を立て、その行動計画を家族で共有しておくとスムーズです。

購入の法則⑯

成功STEP6 希望の住宅に合わせた行動をする

STEP5でマイホーム購入に向けたスケジュールと行動計画を組み立てたら、いよいよ実際に行動していきます。

何ごとも予定通りには進まないものですが、マイホーム購入は金額も張り、検討事項も多いうえに、購入するのは初めての経験ということがほとんどで、むしろスケジュール通りに進むほうが稀と言えるかもしれません。

特に土地を購入して注文住宅を建てる場合、土地探しだけで数年かかることもあります。予定通り進まないからダメということはありませんが、ただ漫然と流れに任せるだけではどんどん予定が遅れていきます。予定通り進まないことでモチベーションが下がってマイホーム購入を中止することにでもなれば、これまでの努力が水の泡です。

ですので、スケジュールに変更はつきものと考え、むしろ定期的にスケジュールと現状を照らし合わせて、今後の行動計画を見直すようにしてください。

例えば、土地を探し始めて半年経過しても理想の土地が見つからない時は、そのまま土地探しを続けても物件が出てこない可能性があります。そこで、価格やエリア・立地といった物件の条件を見直すことです。物件の条件を妥協したくなければスケジュールを見直し、気持ちも新たにマイホーム購入を再開しましょう。

逆に、スムーズに良さそうな土地が見つかることもあります。順調で喜ばしいのですが、じつは不動産会社の営業マンが勧めるほどには気に入っていない場合もあります。スケジュール的にここで決めなければ間に合わないということならば契約しても良いでしょう。しかし、まだ時間に余裕があるならば、もう少し土地探しを続けたほうが納得できる結果が得られるものです。不動産会社の営業マンは「こんな良い土地はなかなか出てこない」と煽るかもしれませんが、適切なスケジュールを把握していれば、セールストークに影響されずに冷静な判断を下せます。

法則3でご紹介した通り、マイホーム購入の秘訣は「焦るな」「鵜呑みにするな」「前のめりになるな」です。このことを守るためにも、マイホーム購入のスケジュールをしっかりと押さえておきましょう。

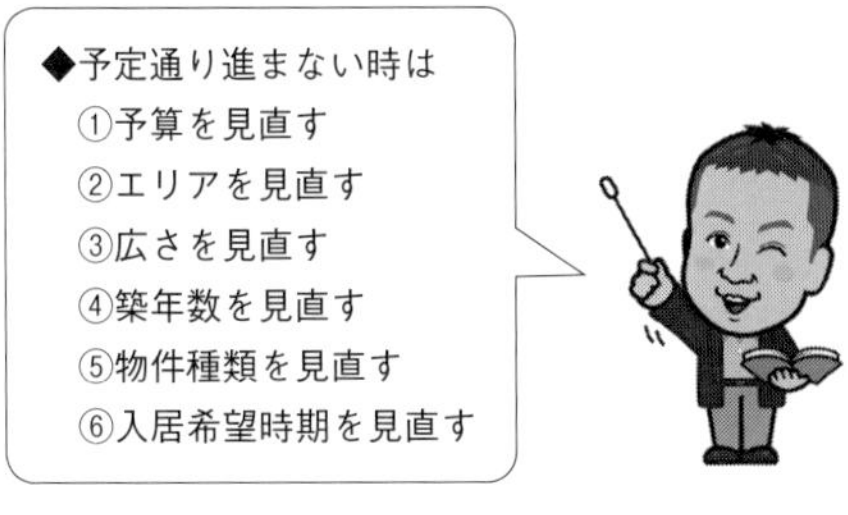
◆予定通り進まない時は
①予算を見直す
②エリアを見直す
③広さを見直す
④築年数を見直す
⑤物件種類を見直す
⑥入居希望時期を見直す

購入の法則⑰

成功STEP[7]
決断に迫られた時は原点に立ち戻る

マイホーム購入というのは、とにかく**決断の連続**です。スケジュール通りにマイホーム購入が進んでいっても、打合せのたびに決めなくてはならないことが出てきて、いろいろなことを見たり、聞いたり、話したりしている中で「そもそもどんなマイホームにしたかったのだろう？」と自分を見失うこともあるかもしれません。

そのような時は**原点に立ち戻ること**です。

家づくりは、目の前の情報に影響を受けることが多く、その雰囲気に呑まれて最初に決めたことをつい忘れてしまいがちです。

住宅会社や不動産会社の営業マンが繰り広げる巧妙なセールストーク、豪華なモデルルーム、金利上昇や資材価格の高騰といった社会情勢など、マイホーム購入の判断をミスリードされかねない情報がいくつも流れてきます。

では、そんな目の前の情報に振りまわされず、具体的にどのようにして原点に戻ったらいいのでしょうか？

これまでに述べてきた「家づくり本音会議で話し合った要望や優先順位」「家づくり成熟度チェックシート」「家づくりノート」「イメージ写真集」といった独自のツールが、ここで役立ってきます。こうしたツールを見返し、原点を思い出すことで、判断を誤らずに済んだ事例も多くあります。ぜひ、本書の情報をフル活用して、理想のマイホーム購入を実現してください。

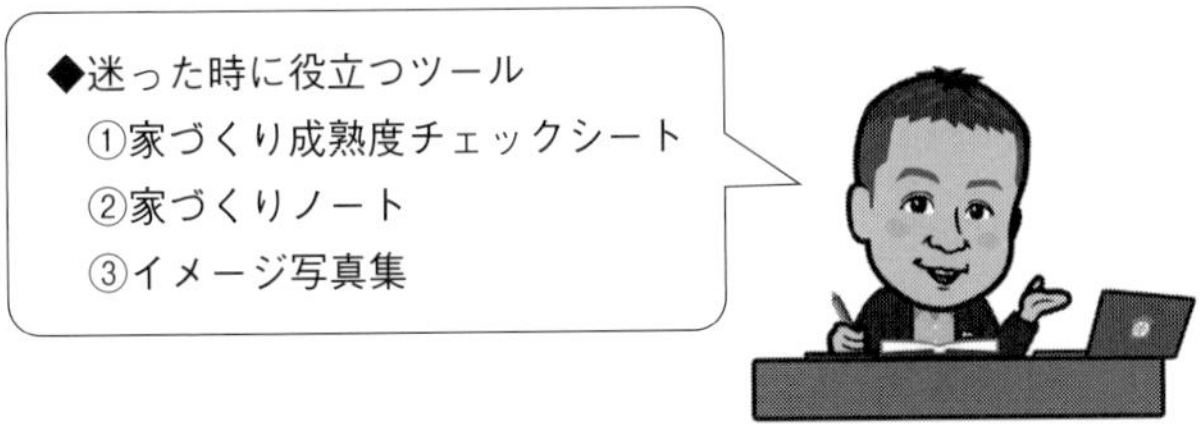
◆迷った時に役立つツール
①家づくり成熟度チェックシート
②家づくりノート
③イメージ写真集

第３章

後悔しない住宅購入の法則【お金編】

購入の法則⑱

「低金利神話」は本当に崩壊しないのか?

住宅ローンを借りるにあたって、皆さんが気にするのが**「金利」**です。一口に住宅ローンの金利といっても、大きく変動金利タイプと固定金利タイプ、固定金利期間選択タイプに分けられます。それぞれで金利の動き方も違うため、まとめて論じるわけにはいかないのですが、まず考えていただきたいことは**「昨今の低金利は今後も続くのか?」**ということです。

バブル崩壊以降、金利が下がり続け、2024年12月時点で変動金利タイプには0・4%を切っている銀行もあります。そのため書籍やインターネットでは「住宅ローンの金利、とくに変動金利は上がらない」などの論調も少なくありません。でも少し考えていただきたいのです。住宅ローンというのは株や国債などと同じ**金融商品**です。

「住宅ローンの変動金利は上がらない」と言うのは「この株は絶対に下がらない」と発言しているのと同じです。そのような株が世の中にあるでしょうか?

金融商品に「絶対」はありません。それなのに「住宅ローンの金利は上がらない」と信じることを、私は**「低金利神話」**と呼んでいます。

１９９０年以前の土地バブル崩壊前には似た言葉に「土地神話」がありました。「日本は国土が狭く土地は貴重なものだから、土地の価格は下がらない。将来値上がりして儲けられるから、ローンを組んででも土地を買っておけ」と言われてきたのです。

しかし、バブルが崩壊し地価が下落した今では不動産が「負動産」と表現され、固定資産税などの負担により所有しているだけで損をするケースも出ています。つまり、「土地の価格が上がるから買う」という時代ではないのです。このように、土地にせよ金利にせよ、その時々でどう変化するか将来のことはわかりません。

すでに、２０２４年3月に日銀がマイナス金利政策の解除や長短金利操作（イールドカーブコントロール＝ＹＣＣ）を撤廃し、続いて２０２４年7月末には政策金利も引き上げられました。その結果２０２４年10月には大手メガバンクから地銀・信金まで軒並み変動金利タイプの金利が0・15％程度上がりました。今後、日銀前総裁の黒田氏が推進した異次元の金融緩和から「金利のある世界」への転換がさらに進んでいくでしょう。

ただ、住宅ローンの変動金利タイプがこれからどんどん上がると煽るメディアもありますが、私は、経済に混乱をもたらすほどの急激な金利上昇はなく、今後数年かけて金利が上がると考えています。どちらにしても、目先の金利の高低やメディアの論調に振り回されずに、どちらに転んでも返済に支障がないように、家計のシミュレーションを行い、リスクをきっちりと見極めて住宅ローンを選ぶことが大切です。

購入の法則⑲
「毎月のローン返済額は家賃並み」で大丈夫か？

モデルハウスや見学会に行った時、住宅会社の営業マンからよく言われるのが「毎月のローン返済額は家賃並みですよ」という言葉です。

確かに今払っている家賃とローン返済額が同じ額だったら、「最終的に自分のものになる持ち家にしたほうがトクだ」とつい考えてしまいがちです。

でも、これで大丈夫なのでしょうか？

結論から言えばＮＯです。「家賃と同額」という言葉はわかりやすく、大きな魅力を感じてしまいがちですが、それを鵜呑みにすることは非常に危険です。

なぜ危険なのかというと、家の購入後にかかる費用、つまり住居費と呼ばれるものは**毎月の住宅ローンの返済だけではない**からです。

賃貸と持ち家を比べた時の住居費の違いは、次の2点です。

① 固定資産税などの税金が発生する

② 建物の修繕費用が必要になる

●固定資産税・都市計画税の概要と軽減措置

	課税主体	税率	特例	備考
固定資産税	市町村	1.4% (標準税率)	建物 新築住宅の120m²までの税額が1/2(一定期間) 住宅用地 200m²まで1/6、それ以上1/3(床面積の10倍まで)	木造などの一般住宅：新築後3年 地上3階建て以上の中高層耐火建築物：5年 ※長期優良住宅の場合はそれぞれ2年延長
都市計画税	市町村	0.3% (制限税率)	住宅用地 200m²まで1/3、それ以上2/3(床面積の10倍まで)	市街化区域のみ

固定資産税とは、土地と家屋にかかる税金です。保有している土地、家屋の評価額をもとに税額が算定され、それを毎年納税しなくてはなりません。

ちなみに、新築住宅の場合、固定資産税の軽減措置があることから、購入当初はその措置により低い税額となりますが、一定期間を過ぎるとその税額は倍になります。

修繕費用については、購入直後すぐに発生するものではありませんが、年が経つにつれて外壁や屋根、水回りなどの設備などが老朽化していきます。これらの修繕費用も用意しなくてはなりません。こまめにメンテナンスしていれば劣化や故障した箇所だけの修繕で済みますが、メンテナンスを怠っていると全てを取り換えることになり大きな費用がかかることもあります。

また、マンションの場合、駐車場代や管理費、修繕の積み立て費用が徴収されます。賃貸住まいからマイホームを購入して引っ越ししたら、こうした出費が増えて家計への負担が大きくなるという話はよく耳にします。

●住居費の比較

	持ち家	賃貸住宅
初期費用	・頭金 ・ローン費用 ・登記費用等 ・仲介手数料 ・不動産取得税	・敷金、礼金 ・仲介手数料等
維持費用	・ローン返済 ・管理費※ ・駐車場代※ ・修繕積立金※ ・固定資産税、都市計画税 ・リフォーム費用	・家賃 ・管理費※ ・駐車場代※

※はマンションの場合

「毎月の住宅ローン返済額は家賃並み」であったとしても、「賃貸の住居費＝持ち家の住居費」とはなりませんので、耳障りの良い言葉だけで判断しないようにしてください。

購入の法則⑳

家計診断で適正な予算額をシミュレーションしよう
——人生の三大資金とは教育資金、住宅資金、老後資金

マイホームを購入しようと思い立ったら、必ずやるべきことがあります。それは、家計を診断して**適正な予算額をシミュレーション**することです。

よく住宅ローンの借入可能額をもとに家の予算を決める人もいますが、それはとても危険です。住宅資金とは、教育資金、老後資金と合わせて人生の**三大資金**と呼ばれるものです。この三大資金について、具体的に説明しましょう。

こちらは住宅を購入したいと相談に来られたＣさんのケースです。ご主人の年齢と年収や貯蓄状況をみるだけでは、一見それほど問題がないように思えます。

・夫35歳（会社員、年収６００万、退職金１０００万）
妻35歳（主婦）、長男５歳、長女３歳
・貯蓄１０００万円

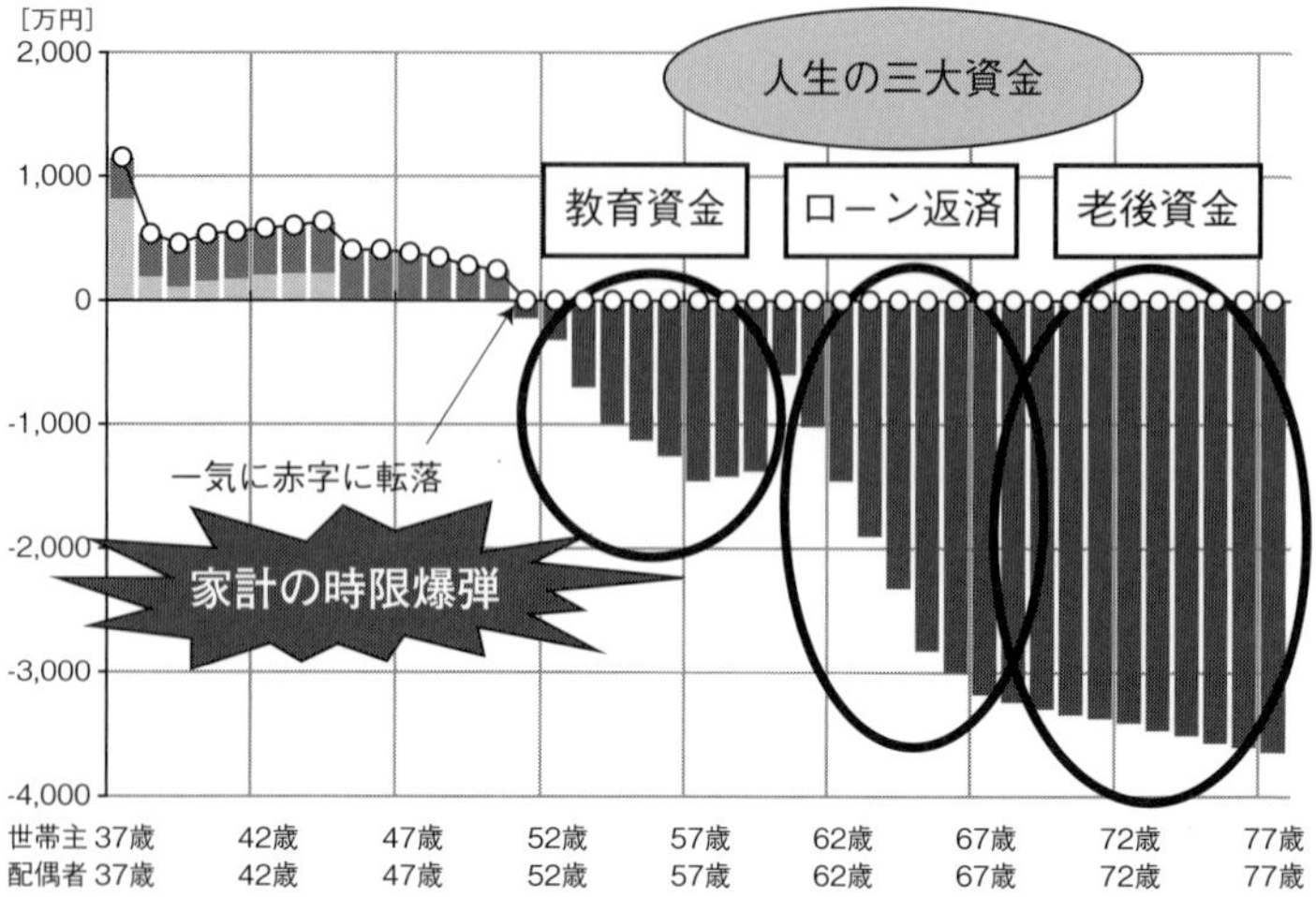

・車2台所有
・賃貸マンション暮らしで、来年３５００万円（頭金６００万円）で住宅取得予定

ところが、40年という長期間でシミュレーションすると次のような結果となりました。

現在の家計条件で、頭金６００万円で３５００万円のローンを組むと、最終的には貯蓄が底をつくだけでなく金融資産がマイナス３５００万円まで膨らんでしまいます。そこに至るまでには大きく**二つの谷**があります。

購入から50歳を過ぎるあたりまで貯蓄はプラスを維持しますが、そこで一つ目の谷がやってきて、一気にマイナスに転落します。その原因は、**教育資金**です。子どもが高校、大学と進学するにつれて教育費が上がり、年間数百万円もの資金が必要となります。

手元資金がなくなってから何か手を打とうとしても、もう手遅れです。マイホーム購入後しばらくは住宅ローンを返済しても貯蓄が残るので油断してしまい、気づいた時には家計が逼迫し手遅れになってしまう。この状態を私は**「家計の時限爆弾」**と呼んでいます。

二つ目の谷が**定年退職**です。柱の収入が無くなることから、赤字が一気に増え始めます。生涯で大きなウエイトを占める老後資金と教育資金、そして住宅資金のことを「人生の三大資金」と呼ぶとお伝えしました。人生の三大資金をはじめ、車の買い替えや海外旅行など、将来起こり得るライフイベントの費用も見越して、マイホーム購入の予算シミュレーションをしておかないと、後々大変なことになります。

では、シミュレーションの結果、もし家計が大幅な赤字になった場合、どうしたらいいのでしょうか？

家計の改善方法は、「**①収入を増やす ②支出を減らす ③投資運用をする**」と当たり前のことばかりですが、これらの中で何を選ぶかは家族で話し合って決めるしかありません。

Aさんの場合、奥さまが専業主婦でしたので、奥さまも働くことで収入を増やし、さらに、ご主人も定年後に再雇用で働いて家計の足しにすることにしました。

支出に関しては、車を2台から1台に減らすなど、やれることを地道に行っていくことで家計の収支を改善、マイホーム購入に向けて動き出すことができました。

コンサルティングの際には、必ず家計診断をしてこのようなシミュレーションを行い、その結果に基づいて、どんな細かいことでも打てる施策を一緒に考えていきます。

その際に気を付けなければいけないのは、**家計の改善に特効薬はない**ということ。例えば、「奥さまがフルタイムで働くことで一挙に解決！」と考えたものの、育児で忙しくなりフルタイムで働けなければ〝絵に描いた餅〟です。

家計の改善は何か一つの施策に頼るのではなく、毎月の外食の回数を1回減らすとか、夫婦のお小遣いを数千円下げるといった小さい施策を組み合わせてください。その結果、チリも積もれば山となり、どれか一つができなくなっても他の施策でカバーすることができます。

購入の法則㉑　意外と知らない住宅ローンの隠れた3つの効果効能

住宅ローンを借りる理由は、「マイホームを購入する現金がないから」というのが一般的です。

では手元に十分な現金があるならば、住宅ローンを借りるメリットはないのでしょうか？

じつは住宅ローンには大きなメリットがあり、**3つの隠れた効果・効能**があります。

住宅ローンは非常に特殊で、数多あるローンの中でも有利な金融商品といえます。それは、自宅を担保に出すことで、他のローンに比べて**金利が低く、返済期間を長期で組める**からです。

そのうえで、住宅ローンの隠れた3つの効果を具体的にみていきましょう。

効果①　減税（住宅ローン控除）

2024年現在、住宅ローンを組んで家を購入すると13年間にわたって減税措置が受けられます。減税額は所得やローンの借入額、建物の性能、家族構成によってさまざまなケースがありますが、最大455万円の所得税・住民税が返ってきます。詳しくは法則22で解説します。

効果② 団体信用生命保険（団信）

住宅ローンを借りると、団体信用生命保険（団信）に加入しなくてはなりません。団信とは、借入者が死亡したり寝たきりの状態になり、住宅ローンの返済ができなくなった場合に備えた保険です。万一の時に、住宅ローンの残債が保険金で一括返済されます。

つまり、住宅ローンを借りると同時に生命保険に入ることになるのですが、この団信は生命保険の中でも特殊で、保険の掛け金は原則として住宅ローンの金利に含まれているため、老若男女で掛け金は変わりません。そのため、一般の生命保険では掛け金が上がる年齢の高い人ほど割安に保険を掛けられるメリットがあります。

効果③ 手元資金の温存

住宅ローンを借りることで手元資金に余裕ができれば、現金で車を購入したり、子どもの教育資金を出すことができます。もし手元に資金がないからとカーローンや教育ローンを組むならば、それは住宅ローンよりも金利が高くて返済期間も短くなってしまいます。

さらに積極的に考えるならば、手元に温存した資金を投資運用に回し、住宅ローン金利以上の利回りが出せれば、頭金を抑えた分、住宅ローンの借入額を増やしたほうがおトクになる可能性があるのです。

なかには利息を払うことや住宅ローンという借金を抱えること自体に抵抗を感じる方もいるかもしれませんが、これら３つの効果・効能を考えると、せっかくおトクな住宅ローンを借りるのならば、頭金の額は抑え、できるだけ多く長く住宅ローンを借りることで、その効果を最大限に活かすことをお勧めします。

購入の法則㉒

住宅ローンをたくさん借りたほうがトクをする？

「住宅ローン（＝借金）」には利息がかかるので、マイナスのイメージを持つ方もいます。でも、住宅ローンについては、あえてたくさん借りることで得する場合があります。その理由の一つが前述した**住宅ローン減税**です。住宅ローン減税は法則21で触れた通り、住宅ローンを組んでマイホームを購入すると、毎年末の住宅ローンの残高に対して０・７％の所得税・住民税が一定期間戻ってくるという仕組みです。

この住宅ローン減税は人によって減税額が変わり、年間の減税額は

①ローン残高の０・７％
②年間の納税額（所得税全額と住民税のうち13・65万円）
③年間最大控除額（建物の品質によって２０００～５０００万円）

のなかで、一番低い額となります（２０２４年12月現在）。

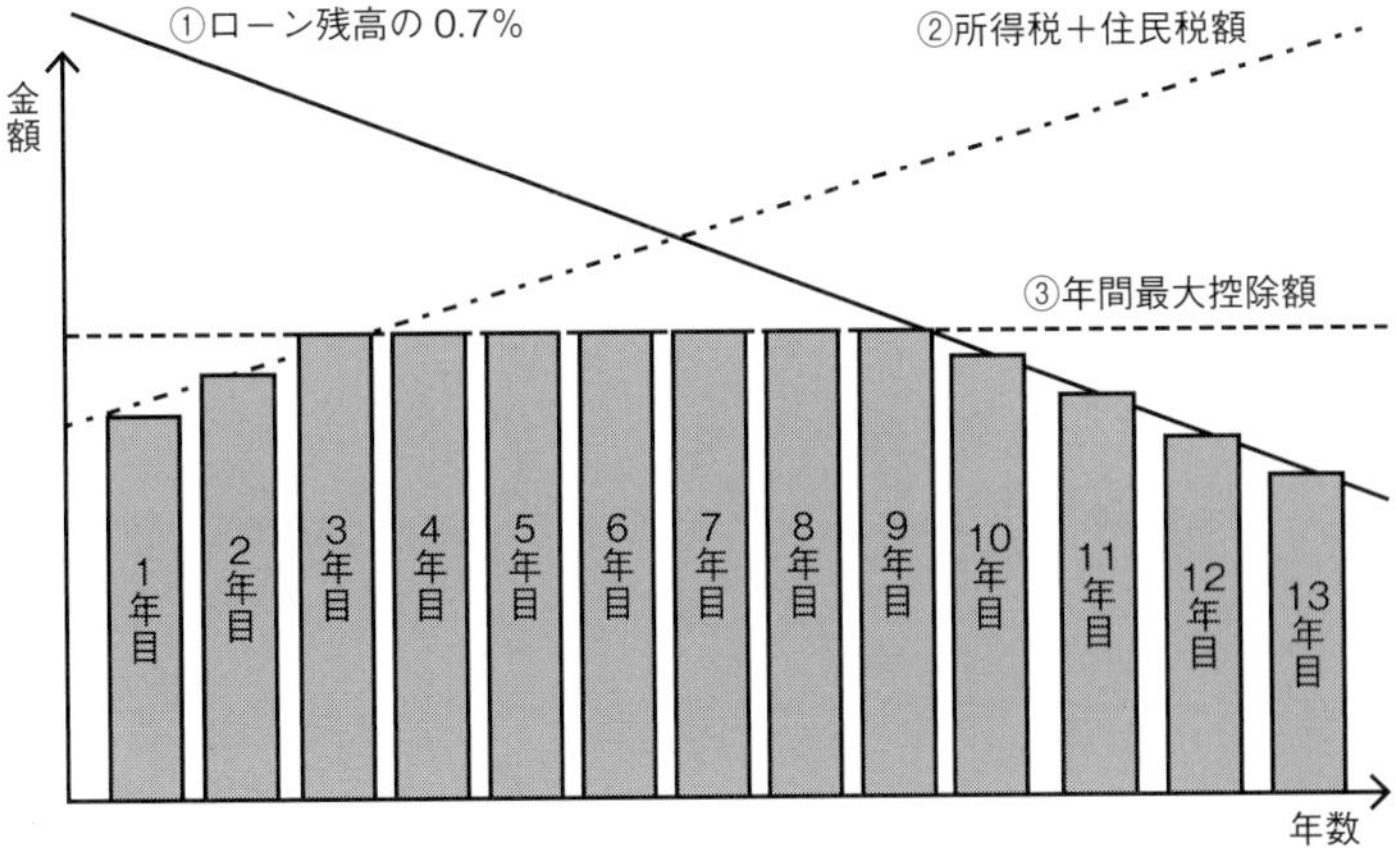

●住宅ローン減税の仕組み

ここでポイントになるのが0・7%という税率で、住宅ローンの金利が0・7%以下、例えば0・5%ならば、支払う利息よりも戻ってくる税金のほうが多くなるという**「逆ザヤ」**になります。毎年末のローン残高が多いほうがより住宅ローン減税を受けられるので、手元資金があってもあえてマイホームの頭金に入れず、住宅ローンの借入額を増やすことで、より減税の効果を出せるのです。

また、住宅ローン減税はあくまで納めた所得税・住民税が戻ってくる制度なので、所得（納税額）が低いと住宅ローン減税の枠を使いきれません。そんな時は、夫婦や親子で所得を合算して住宅ローンを借りると減税枠が二人分になるので、より住宅ローン減税を受けられる可能性があります。

●住宅ローン減税の限度額・期間

住宅種別		居住開始年：令和6、7年の場合 限度額	期間	控除率
新築・未入居、中古 ※1	認定住宅等（長期優良・低炭素）	4500万円	13年	0.7%
	ZEH水準省エネ住宅	3500万円	13年	0.7%
	省エネ基準適合住宅	3000万円	13年	0.7%
	その他	2000万円※3	10年	0.7%
子育て・若年世帯 ※1、2	認定住宅等（長期優良・低炭素）	5000万円	13年	0.7%
	ZEH水準省エネ住宅	4500万円	13年	0.7%
	省エネ基準適合住宅	4000万円	13年	0.7%
	その他	2000万円※3	10年	0.7%
中古（個人間）	認定住宅等（長期優良・低炭素）	3000万円	10年	0.7%
	ZEH水準省エネ住宅			
	省エネ基準適合住宅			
	その他	2000万円	10年	0.7%

※1 新築・未入居、中古(買取再販)は消費税10%の場合
※2「19歳未満の子を有する世帯」または「夫婦のいずれかが40歳未満の世帯」が対象で、令和6年中の入居
※3 令和6年以降に建築確認した住宅や、令和6年7月1日以降に完成した住宅は対象外

なお、最新情報は、家計とマイホーム相談室ＨＰ（右コードから）をご覧ください。

https://my-home-fp.com/column/

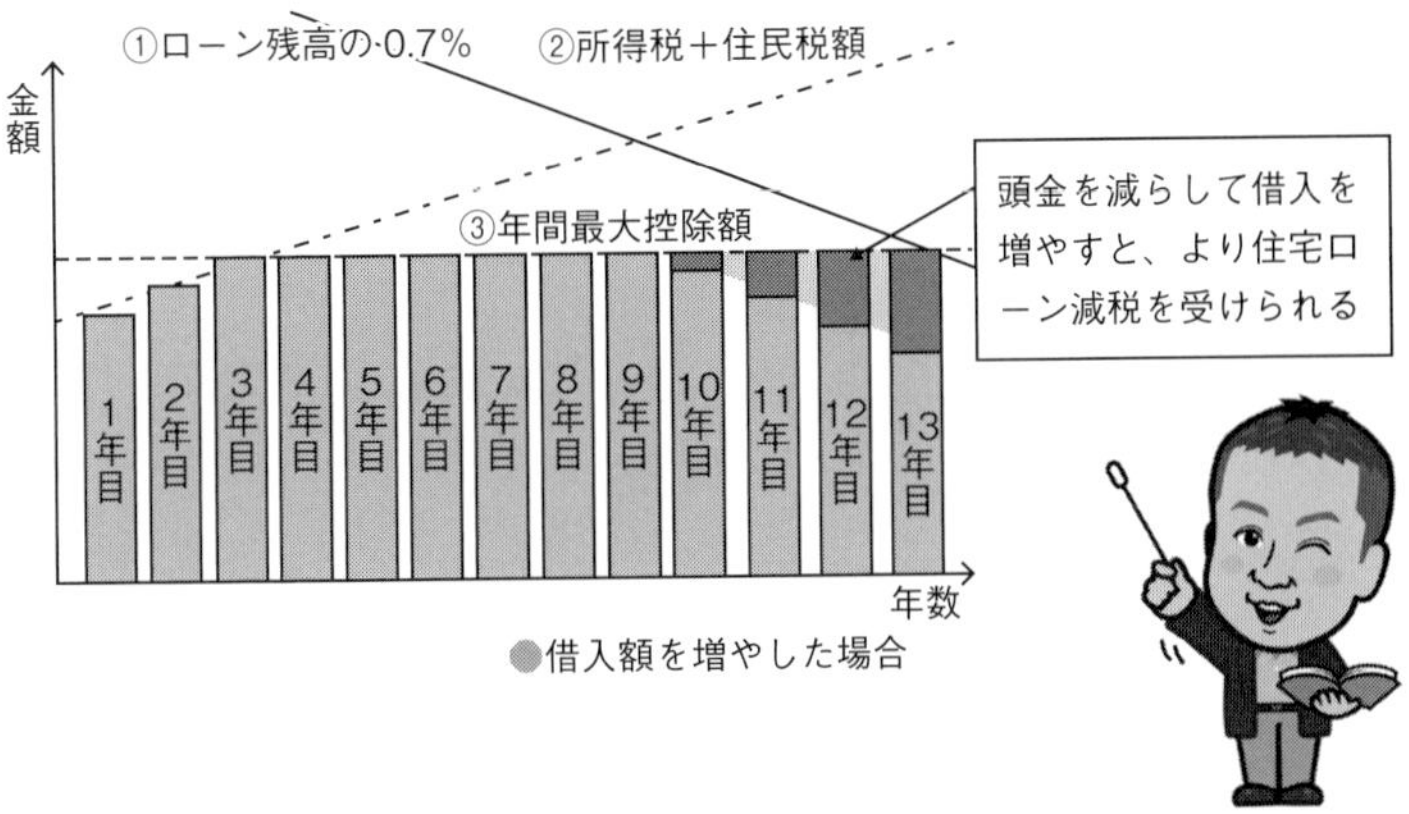

●借入額を増やした場合

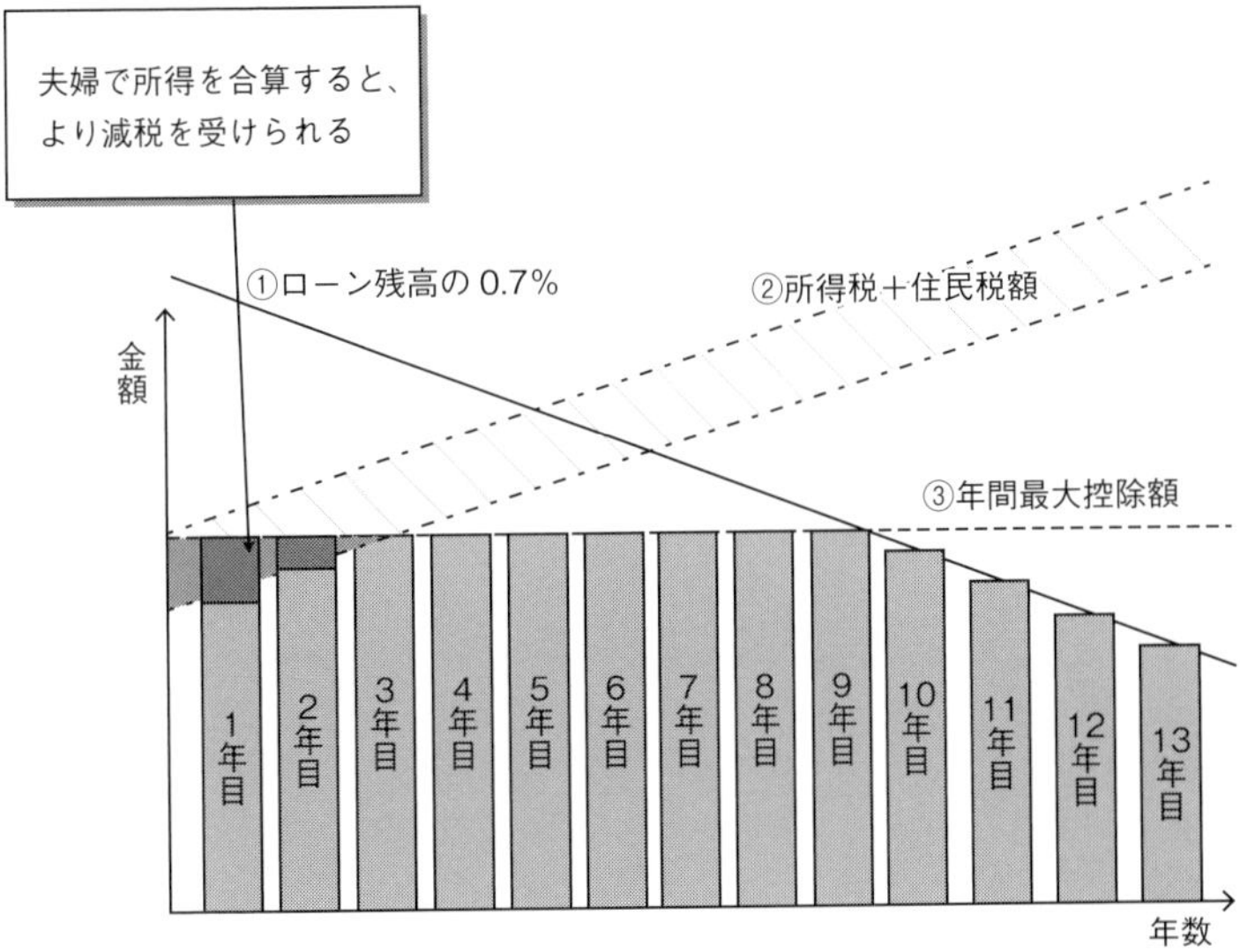

●夫婦の所得を合算した場合

なお、住宅ローン減税を受けるためには、忘れずに確定申告をしてください（給与所得者は2年目以降は年末調整で可）。

購入の法則㉓
おトクな住宅ローン選びの３ステップ

住宅ローンの考え方をご理解いただいたので、次は、住宅ローンの選び方について具体的に説明していきます。

自分に合っていておトクな住宅ローンを選ぶには、次の３つのステップを踏むことが大切です。

◆オトクな住宅ローンを借りる3ステップ

ステップ①　住宅ローンの希望条件を決める
ステップ②　自分の強み（ウリ）を把握する
ステップ③　候補の銀行を選び、交渉する

ステップ① 住宅ローンの希望条件を決める

住宅ローン選びの条件として一番重要なのが「**金利タイプ**」です。

金利タイプには変動金利タイプ、固定金利タイプ、固定金利期間選択タイプなどがあります。これら3つの金利タイプ全てが好条件という銀行はまれで、変動金利タイプが得意な銀行と、固定金利タイプが得意な銀行は違うのが一般的です。

なかには固定金利タイプを扱っていない銀行もありますから、固定金利タイプを希望するならば、固定金利タイプを得意にしている銀行を探す必要があります。

他に住宅ローンの希望条件としては、次のようなものが挙げられます。

☑団体信用生命保険の内容
☑事務手数料・保証料・繰上げ返済手数料などの額
☑ペアローンの可否
☑注文住宅の場合、つなぎ融資など中間金への対応の有無
☑店舗数
☑対面かオンラインかなど、申込手続きの方法

●住宅ローンの審査ポイントとウリになる属性など

項目	ポイント
年収	高いほうが有利。
勤務先	上場企業の社員、公務員など、安定収入が見込めると有利。 個人事業や非正規雇用だと審査が厳しくなる傾向がある。
資格	医師、弁護士、税理士など、収入が高く、転職が容易な資格だと有利。
勤続年数	長いほうが有利だが、勤続1年以上ならば大きな問題はない。 転職していても、同業種でのステップアップならばプラス評価になることも。
年齢	年齢が上がると審査が厳しくなる傾向がある。
家族構成	子どもがいると金利が下がることがある。
自己資金	多いほうが有利。
金融資産	現金・預貯金、有価証券、生命保険など、多いほうが有利。
実家	実家が持ち家。 実家が近所だと金銭や育児などの支援を期待できる。
住宅事業者	大手のハウスメーカーや不動産会社ならば、提携ローンが使えることも。
建築地	建築地を所有していると有利。
建物	長期優良住宅など性能の高い住宅。 地場の木材などを使用している。

ステップ②　自分の強み（ウリ）を把握する

自分の強み（ウリ）とは金融機関が評価してくれるアピールポイントで、**属性**とも呼ばれます。例えば、職業によって、銀行との交渉が有利に働く場合があります。お金を貸す銀行側としては、安定して返済してくれる方が良い顧客になります。

例えば大企業の会社員や公務員といった雇用が安定していて収入も高い方や、医師や看護師のように専門的な資格を持ち転職を比較的しやすい方です。こういった安定かつ高収入が見込める属性の人たちにお金を借りてほしいので、金利を下げるといった交渉に応じてくれることもあります。なお、借入者本人だけでなく、配偶者の属性もプラスアルファの交渉条件として提示可能です。

ステップ③ 候補の銀行を選び、交渉する

希望条件とご自身の属性を把握したら、条件に合致し、かつ自分の強みを評価してくれる銀行選びとなります。

銀行によっては、個人の属性で金利の条件を変えるところもあります。ご自身や配偶者の属性をフルに活かして、有利な条件となるように実際に交渉してみてください。交渉できる条件は、金利以外には、「団信の保証内容を手厚くする」「保証料の金額を下げる」などがあります。

このように、住宅ローンを選ぶ際に各銀行の商品内容や審査の傾向などを把握し、自分の属性をもとに交渉することで、支払総額が数百万円下がることさえあります。ぜひ納得いく条件の住宅ローンを見つけてください。

●銀行の種類と融資の特徴

種類	メリット	デメリット
メガバンク・信託銀行	・全国対応 ・変動金利から長期固定金利まで幅広くラインナップ。 ・借入限度額が高い。	・審査は比較的厳しい。 ・土地や建物の契約を早く求められたり、建築中の中間金が出にくい、融資実行の期限に制約があるなど、融通が利きにくいことがある。
地方銀行・信用金庫・JA・ろうきん	・地域密着で、融資実行時期など融通が利く。 ・窓口のほか、担当者が自宅に来てくれるなど、手厚いフォローをしてくれることがある。 ・自営業者や会社経営者でも通りやすいなど、審査が比較的柔軟。	・地域限定 ・長期固定金利を扱っていないことが多い。 ・借入限度額が低いことがある。
ネットバンク	・全国対応 ・変動金利から長期固定金利まで幅広くラインナップ。 ・比較的金利水準が低く、一定の条件を満たせば属性に関係なく最優遇金利が利用できる。 ・団体信用生命保険が充実するなど、ユニークな商品がある。 ・ネット上で申込みや契約ができる。	・土地や建物の契約を早く求められたり、建築中の中間金が出にくい、融資実行の期限に制約があるなど、融通が利きにくいことがある。 ・店舗や人員が少なく、対面でのフォローが期待できない。
フラット35	・全国展開 ・住宅金融支援機構と民間の金融機関が組み、実際の窓口は民間の金融機関が担当。 ・自営業者や転職した人、健康状態に不安がある人に対しても優しい。 ・融資対象の建物が一定の性能をクリアすると金利が優遇される。	・全期間固定金利のみ ・融資対象の建物に一定の性能が求められる。

購入の法則㉔

変動金利と固定金利は損得で選ぶな！

住宅ローン選びでよく相談されるのが、**「変動金利タイプ」**と**「固定金利タイプ」**のどちらにしたらよいか、という質問です。住宅ローンは、この2つの金利タイプに加えて、変動金利の一種として一定期間金利を固定する特約を付ける**「固定金利期間選択タイプ」**の合計3つの金利タイプがあります。

先述の住宅ローン選びでも、この金利タイプに対する考え方が固まっていないと、選びようがありません。でも、「変動金利タイプと固定金利タイプでどちらがトクなのか？」という議論はナンセンスです。

たしかに2024年12月現在の金利を比較すると、変動金利タイプでは0・4％どころか0・3％台という銀行もあるのに対し、固定金利タイプの代表格のフラット35（返済期間20年超）では1・86％と、変動金利タイプよりも固定金利タイプのほうが金利が高いのは事実です。

バブル崩壊から金利が下がり続け、書籍やインターネットでは「変動金利は上がらない」などの論調も少なくありません。また、住宅ローンを選ぶ際、住宅会社や不動産会社と話をしていると「住宅ローン＝変動金利」という前提のもと、何も言わなければ審査もシミュレーションもすべて変動金利タイプで話が進んでしまいます。住宅会社や不動産会社からすると金利が低ければ返済額も低く見えるので、勧めやすいという側面もあるのでしょう。

そんなことから、「変動金利タイプのほうが低金利」という印象が残り、変動金利タイプを選ぶ人が多いのですが、それは早計です。

法則18でも少し触れましたが、住宅ローンも金融商品の一つですから「絶対」ということはなく、これから先の金利動向は正確に予測できるものではありません。これまでは日銀前総裁の黒田氏が進めた異次元金融緩和の効果もあって金利は下がってきましたが、日銀現総裁の植田氏はこれから「金利のある世界」を目指して金融政策を正常化させていく方針を出しています。そのため、今後は変動金利タイプが上がる可能性も否定できません。

そうなると、借入時の金利で確定できる固定金利タイプのほうがおトクになるケースもあり得ます。変動金利タイプは借りる側が将来の金利上昇リスクを負う分、金利を低く設定しており、固定金利タイプは貸す銀行側が金利上昇リスクを負うために金利を高く設定しているのです。言い換えると図の通り、借りる側からすると**変動金利タイプはハイリスク・ハイリターン**の金融商品、**固定金利タイプはローリスク・ローリターン**の金融商品といえます。

このように変動金利タイプと固定金利タイプの特徴を比較すると、どちらがトクかと考えるよりも、**金利変動リスクをどうヘッジしたらいいのか**という視点が必要なことがおわかりいた

●住宅ローンの金利タイプ

（リスク：小↑↓大　金利：高↑↓低）

変動金利タイプ	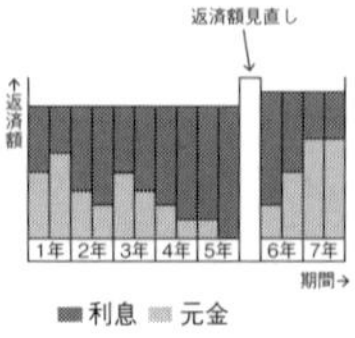	**特長** ■市場金利に応じて、年2回金利が見直しされる。 ■返済額は原則5年変更なし。 ■6年目に金利が上昇すると原則として1.25倍を上限とし、返済額が上がる。下がれば連動して減額。 **基準となる主な金利** ■日銀の金融政策 ＝ 景気が悪くなると下がり、景気が良くなると上がる。 ■短期プライムレート **取扱金融機関** ■民間金融機関	**メリット** ・金利が高い時に借りると、将来、市場の金利が下がった場合、返済額も下がる。 **デメリット** ・借入時に返済総額が確定できない。 ・金利が低い時に借りると、将来、市場の金利が上がった場合、返済額も上がる。 ・金利が上がり、毎回の利息の額が返済額を上回ると、未払い利息が発生する。
固定金利期間選択タイプ	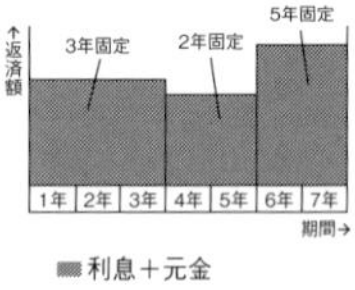	**特長** ■選択した当初の一定期間だけ、金利が固定。 ■期間終了後は市場金利に応じ、返済金利が見直される（原則変動金利になる）。 ■申し出により、当初期間終了後も再度固定金利期間選択型を選択できる（要手数料）。 **基準となる主な金利** ■短期プライムレート ■長期プライムレート ■長期国債の利回り（長期金利） **取扱金融機関** ■民間金融機関	**メリット** ・一定期間の返済額が決まっている。 ・金利が高い時に借りると、将来、市場の金利が下がった場合、返済額も下がる。 **デメリット** ・借入時に、固定期間終了後の金利（返済額）がわからない。 ・金利が低い時に借りると、将来、市場の金利が上がった場合、返済額も上がる。
固定金利タイプ	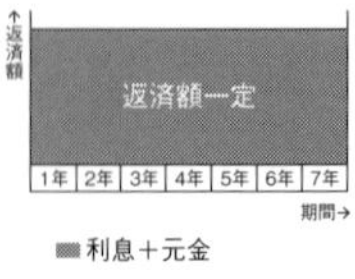	**特長** ■借入時に、完済までの金利（返済額）が確定している。 ■市場金利の動きに影響を受けない。 ※一定期間以降、金利が変わることが決まっている段階金利型もある **基準となる主な金利** ■10年モノ国債の利回り（長期金利）。 ■フラット35はMBS金利がベース。各金融機関判断。 **取扱金融機関** ■フラット35取扱機関 ■一部の民間金融機関	**メリット** ・借りる時に、返済期間の最後まで金利（返済額）が決まっているので安心。 ・金利が低い時に借りると、将来にわたり低金利のメリットを受けられる。 **デメリット** ・金利が高い時に借りると、将来、市場の金利が下がっても返済額は下がらない。

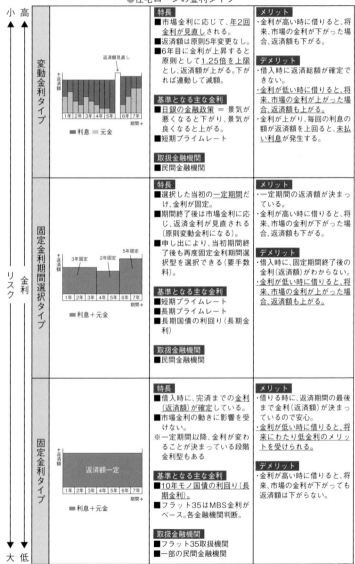

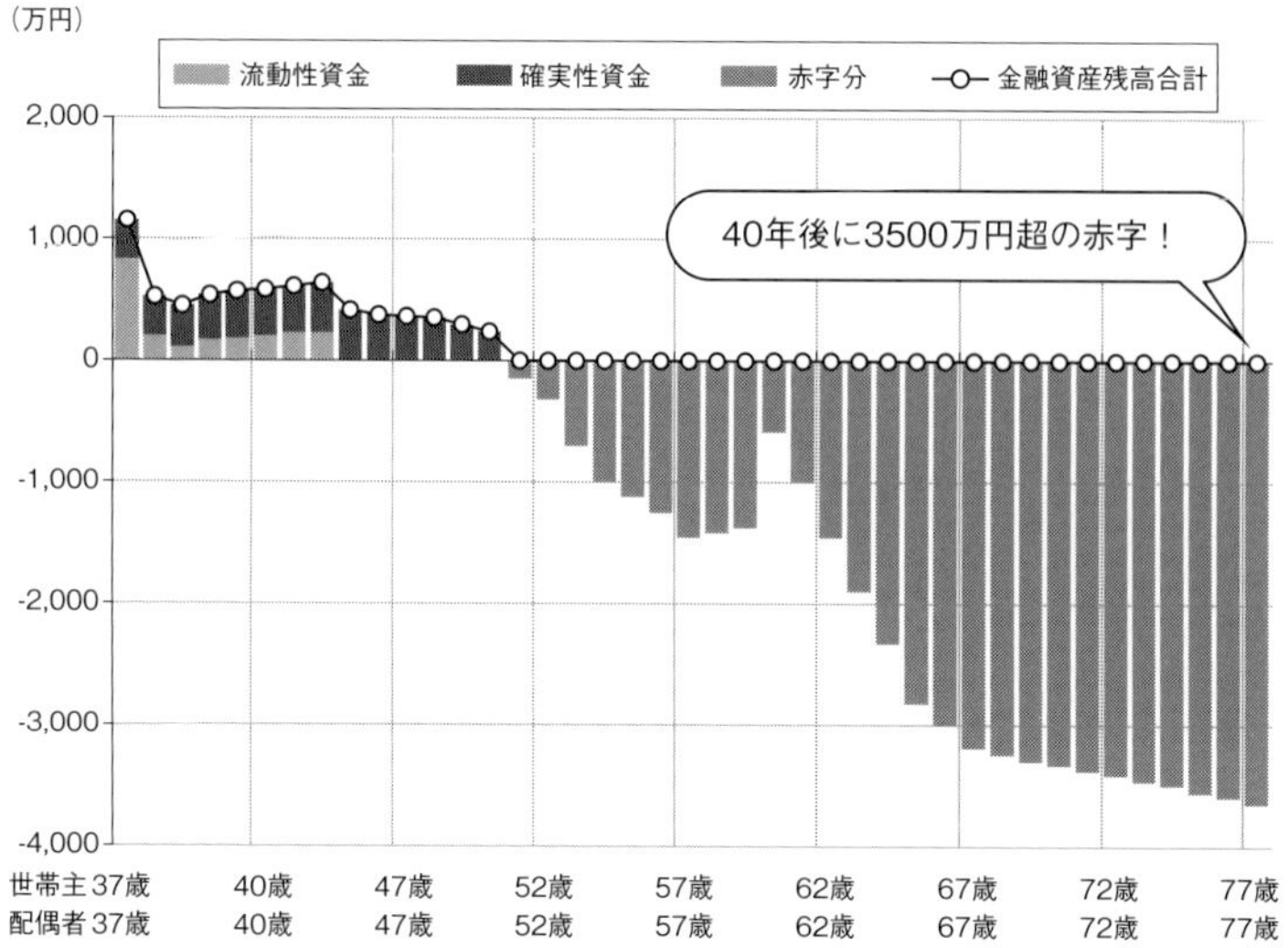

だけると思います。

例えば、法則20で登場したCさんのケースで考えてみましょう。

Cさんは、このような赤字の改善策として、「配偶者もパートなどで収入を得てもらう」「2台あった車を1台に減らす」「世帯主は60歳から65歳まで再雇用で働く」を実施しました。ただ、これらの改善策を実行しても、それほど家計に余力が出るわけではないので、将来金利が上昇して返済で困らないように住宅ローンは固定金利タイプを選ぶことにしました。

変動金利より借り入れ当初の金利は高くなるのですが、最終的には赤字になることがなく、次ページの図の通りしっかりと住宅ローンを払い終えるプランが見通せたのです。

このように、金利タイプを選ぶ際には単に

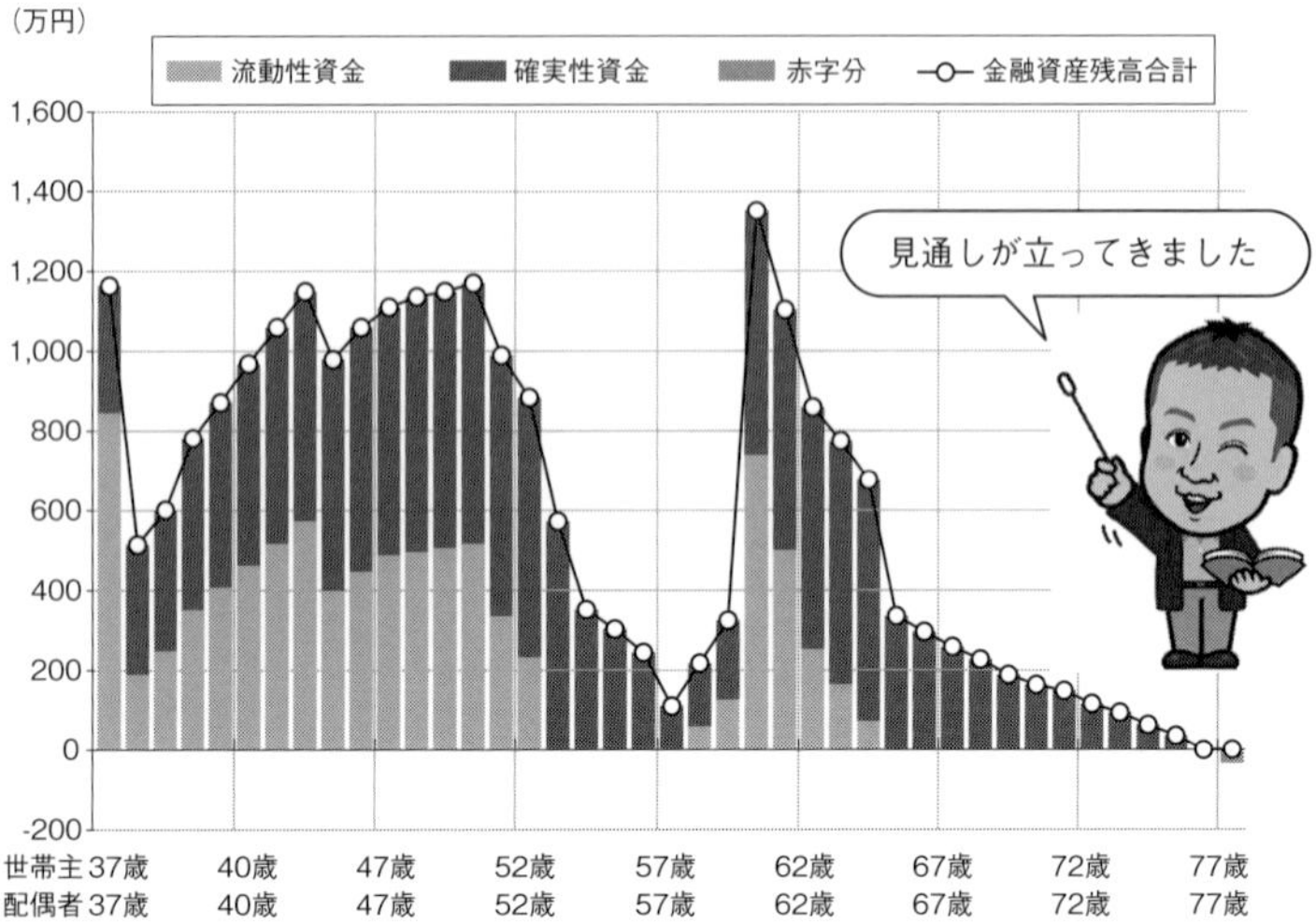

損得や金利の高い・低いという見方をするのではなく、「変動する金利に対してその変動幅を家計が吸収できるのか？」という視点で見ることが必要です。金利が上がって住宅ローンの返済が滞ったら、せっかく購入したマイホームが競売にかけられるリスクもあります。損得ではなく、住宅ローンを最後まで支払えるかを第一に考えていきましょう。

購入の法則㉕
住宅ローンの〝保証料無料〟の甘いワナ

住宅ローンの宣伝文句で、最近よくネット上で目にするのが「保証料無料」という言葉です。

「保証料」とは保証会社に保証人になってもらう際に支払う費用で、保証会社とはお金を借りた人が住宅ローンを返済できなくなった時に立て替え（代位弁済）てくれる会社です。お金を貸す銀行側は資金を確実に回収するために、保証人として保証会社をつける場合がほとんどです。

「保証料無料」というのは、この保証会社に支払う保証料が不要ということです。

これまで、保証料は借入額の２％程度（返済期間35年の場合）というのが主流でした。借入額が３０００万円の場合、保証料は約60万円になります。

それが「無料」になるのは魅力的だと感じるかもしれませんが、じつはケースバイケースだということを知っておいてください。

最初に「保証料無料」を謳《うた》い始めたのは、いわゆる〝ネット銀行〟です。

ネット銀行は、昔ながらの銀行とは違い、リアルな店舗や店舗を維持するための人員を持ち

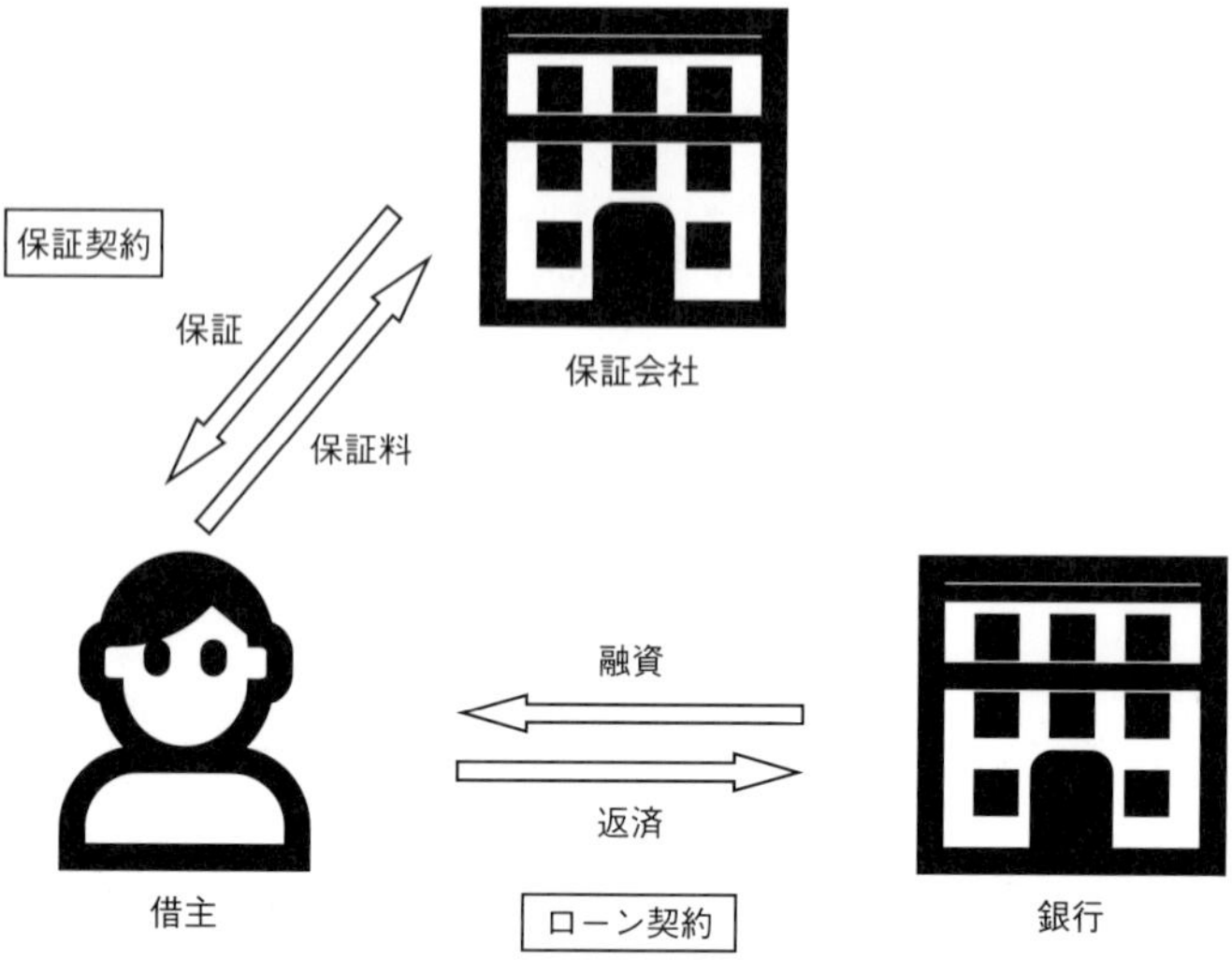

●保証会社の仕組み

ません。その分経費が抑えられるため、低金利やこうした保証料無料などのサービスで差別化を図ってきました。

ただし、多くのネット銀行は、住宅ローンを借りる際の事務手数料を借入額の２％などに設定しています。借入額が３０００万円ならば手数料は60万円です。

ちなみに、保証料を求める旧来の店舗型の銀行の場合、事務手数料は３万円から５万円というのが相場です。

これらを整理すると、次のようになります。

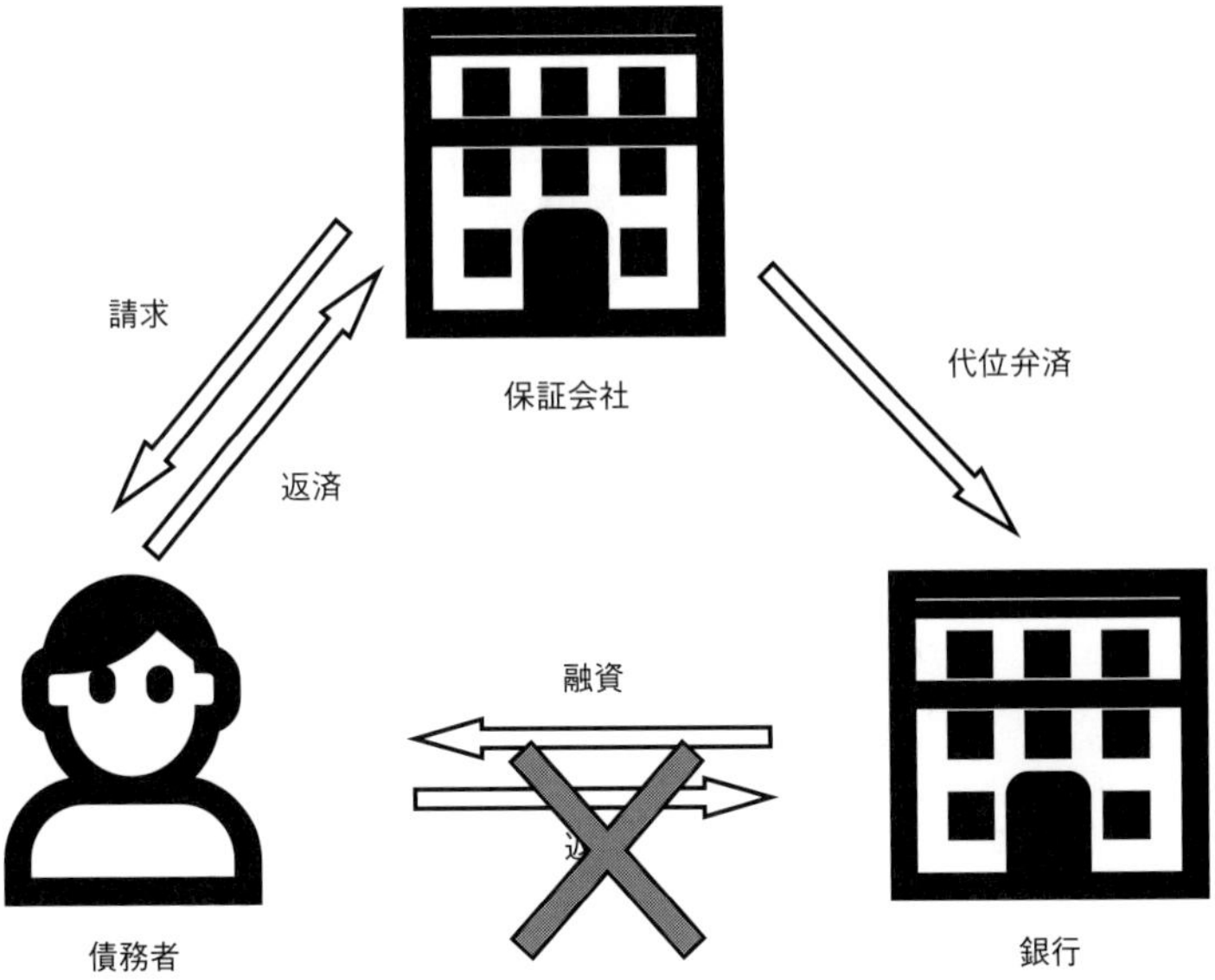

●返済が滞ると

●保証料がかかる銀行の場合（主に店舗型の銀行）

☑**借入額**：3000万円
☑**手数料**：3万円から5万円
☑**保証料**：60万円（2％）
※繰上げ返済すると一部戻ってくる

●保証料無料とする銀行の場合（主にネット銀行）

☑**借入額**：3000万円
☑**手数料**：60万円（2％）
※繰上げ返済しても戻ってこない
☑**保証料**：0円（無料）

●住宅ローン諸費用の一覧

費用項目	店舗型銀行	ネット銀行	フラット35
事務手数料	定額制が多い	定率制が多い	定額制・定率制
保証料	必要（一括か金利上乗せ）	不要なことが多い	不要
団体信用生命保険	加入が必須（保険料は金利込み）	加入が必須（保険料は金利込み）	加入は任意（保険料は原則として金利込み）
適合証明書作成料	不要	不要	必要
金利タイプ変更	一般的に必要	無料の場合が多い	
繰上げ返済手数料	一般的に必要（無料の金融機関も）	無料の場合が多い	不要（ネット利用・10万円以上で）
期限前完済手数料	一般的に必要（無料の金融機関も）	無料の場合が多い	不要

このように比較してみると、支払う金額は実質的に大差ないことがわかります。

保証料や手数料は住宅ローンを普通に返済している限りでは意識することはありませんが、住宅ローンを繰上げ返済したときにその違いが出てきます。

一般的な店舗型の銀行に保証料を支払っていた場合、繰上げ返済して返済期間を短くしたら、その短くなった期間分の保証料が戻ってきます。ネット銀行の場合、保証料ではなく手数料という名目で払っているため、繰上げ返済しても手数料は戻ってこないのです。

最近は店舗型の銀行もネット銀行を真似て、「保証料無料」を謳《うた》うことが増えているので少しややこしいのですが、「保証料無料はおトクだ」「ネット銀行のほうがおトクだ！」と言い切れないということをわかっていただけたら大丈夫です。

銀行もビジネスですので「保証料無料」「繰上げ返済手数料無料」「団体信用生命保険には疾病保証なども付く」「しかも低金利」などと自社の強みを最大限アピールします。そこに魅力を感じてしまう方もいるかもしれません。

しかし、旧来の店舗型の銀行に比べて高額な手数料がかかることはホームページやチラシにはごく小さくしか表記されず、よくよく見てみないと気づきません。

住宅ローンの借り入れにあたっては、金利はもちろん、付随する事務手数料やサービス内容をしっかりと確認して、支払い総額を見て判断することをお勧めします。

購入の法則㉖

夫婦二人でローンを借りる時の注意点1

離婚・減税

夫婦共働きの場合、住宅ローンは収入が高い方が一人で借りるケースが一般的ですが、夫婦二人で借りることも可能です。

夫婦二人で借りる時にはメリットもありますが、気を付けるべきポイントもあります。

夫婦で借りる場合のメリットの一つ目は、夫婦で合算することで所得が増える分、より**借入額を増やせる**ことです。

そして二つ目が、法則22で解説した通り夫婦それぞれが住宅ローン減税の対象になるので、より**多くの減税を受けられる可能性がある**ことです。

一方のデメリットですが、これは**離婚**した時に発生します。マイホームを売却して財産を分けようとしても、思っていた価格では売却できず住宅ローンの残債が発生すると、残債分を手元資金から充当する必要があります。もし、住宅ローンを完済できなければ離婚してもマイホームは売れず、住宅ローンも返し続けなければならないのです。二人で借りられる限度額上限まで借りていた場合に発生しがちです。

また、専業主婦の妻が家に住み続ける場合、妻に収入が無いので住宅ローンを借りることはできず、住宅ローンは家を出ていく夫が返し続けることになります。夫が再婚して子どもが生まれて家計が厳しくなり、出て行った家の住宅ローンを返済できなくなるリスクもあります。

このように、離婚した場合、住宅ローンやマイホームの扱いをどうするのかという非常に難しい問題が残ります。夫婦で住宅ローンを借りる場合は、ぜひこのようなデメリットも知っておいてください。

とはいえ、そもそも住宅に住まう目的は、よりよい暮らしのためですから、別れることを前提で住宅を購入する夫婦はいません。

夫婦で住宅ローンを借りるなら、これから二人でよりよい暮らしを共に築き、家族みんなで幸せになることへの「誓いの証」として臨んでいただくことを願うばかりです。

購入の法則㉗

夫婦二人でローンを借りる時の注意点②

団信（団体信用生命保険）

離婚といった触れたくないことも含めて夫婦で話したうえで住宅ローンを二人で借りると決めたら、次のステップとして団信（団体信用生命保険）の入り方に注意してください。

夫婦で住宅ローンを借りる場合、団信の加入方法がいくつかあるからです。

法則21で解説した通り、団信とは住宅ローンの借入者が死亡、もしくは高度障害になり住宅ローンの返済ができなくなった場合、住宅ローンの残債分の保険金が一括で支払われる保険で、万一の場合でもマイホームを手放さずに済みます。

この団信の加入方法ですが、夫婦二人が別々に二本の住宅ローンを借りる場合は、**夫婦それぞれの借入額に応じた団信に加入**することになります。

例えば、夫が亡くなった場合は夫の借りた分の住宅ローンが団信の保険金で完済されるので、比較的考え方はシンプルと言えます。ただ、住宅ローンの借入時に二本分の手数料がかかるなど、多少コストが上がります。

このコストを抑えるために一本の住宅ローンを夫婦二人で借りることもできます。ただ、こ

●夫婦での住宅ローンの借り方

	ローンの債務者	ローンの本数	団信の扱い	住宅ローン減税
ペアローン	2人	2本	夫婦それぞれに団信をかける。	夫婦それぞれが対象（減税対象は、それぞれの借入額）
連帯債務	2人	1本	下記のパターンがある。 a)主債務者100：配偶者0 b)主債務者50：配偶者50 c)任意の割合を設定可能	夫婦それぞれが対象（減税対象は、債務負担割合によって決める）
連帯保証	1人	1本	債務者1人	債務者1人

の場合は銀行によって団信の扱いが変わるので注意が必要です。

一番多いのは、住宅ローンは二人で連帯債務として借りるものの、**団信はそのうち一人**にしかかけられないパターンです。

例えば、住宅ローンを夫婦二人で借り、団信は夫だけが加入したとします。その場合、夫に万が一のことが起こったら、住宅ローンは団信の保険金で全額返済されます。ところが、もし妻に万が一のことが起こった場合は団信の対象外なので、住宅ローンの返済はそのまま残ります。住宅ローンの返済額は変わらずに妻の収入が減ることになるので、もともと夫の収入のほうが圧倒的に多ければともかく、夫婦の収入が同じくらいならば家計は相当厳しくなることが予想されます。

銀行によっては、夫婦二人で住宅ローンを借りた場合、団信を50：50などの割合に設定できる場合があります。

同じくらいの収入の夫婦が二人で住宅ローンを借りる場合

は、夫婦二人に団信をかけられる銀行を選ぶか、夫婦別々に二本の住宅ローンを組むことをお勧めします。

なお、最近は**夫婦連生型団信**と呼ばれる、夫婦どちらかに万が一のことが起こっても住宅ローンの全額が保険金の対象になる団信も出ています。保障が手厚いので金利も上がりますが、将来のリスクに不安を強く感じる方は検討してみるとよいでしょう。

第４章

後悔しない住宅購入の法則
【品質編】

購入の法則㉘

求めるマイホームによって住宅事業者は変わる

あなたにとって最適な住宅事業者は、購入したいマイホームの種類によって変わります。なぜなら、住宅事業者にもそれぞれ**特徴**があり、**得手不得手**によってあなたのニーズを満たせるかが分かれるからです。

法則9で軽く触れましたが、マイホームの種類には戸建て住宅とマンションがあり、戸建てであれば注文住宅、建売住宅、中古住宅、マンションであれば新築と中古があります。中古住宅であれば不動産会社が商談相手になりますが、戸建ての注文住宅であれば、商談相手となるのは住宅会社です。その住宅会社は、細かく分けると大手ハウスメーカー、地元工務店、建築家の3つになります。次図は、戸建ての注文住宅を建てる場合に、求めるマイホームの要件から最適な住宅会社を選べるチェックシートです。各項目にあるこだわりをチェックし、点数化することで最適な住宅会社を選ぶことができます。

マイホームへの理想やこだわりを明確にすればするほど、選択肢が絞られて適した住宅会社が見つかる確率が高くなります。

各項目ごとに点数を記入し、合計してください。○＝2点　△＝1点　×＝0点

こだわり		1. 会社の規模が大きいほうが安心		6. あまり資金に余裕がない		11. 斜面、変形敷地、狭小敷地などの制約がある
		2. サービスや品質にバラツキが無いほうが良い		7. 地域密着型で、ずっと近くにある業者がいい		12. 雑誌で紹介されるようなオシャレな家が建てたい
		3. 細かいことはすべてお任せしたい		8. 高気密・高断熱など、家の性能にはかなりこだわる		13. 設計やデザインには、お金をかけることが必要だと思う
		4. 工期が短いほうがいい		9. 無垢の柱など自然素材を使いたい		14. 設計者と時間をかけて話し合いながら建てたい
		5. プランをどんどん提案してほしい		10. デザインのこだわりは、あまり強くない		15. 第三者の立場で施工監理をしてほしい
計						

住宅事業者	万人向けの「工業製品」→大手ハウスメーカー		手づくりの「職人技」→地元工務店		オリジナルな「作品」→建築家	
知っておきたい注意点	・多額の広告宣伝費を投入する業者が多いため、全体的に工務店より割高になる。 ・規格品を組み合わせて作るので、細かな修正が利かない。 ・規模の大きい会社の場合、担当者により力量に差がある。 ・エリアによって営業担当者が決まっており、商品を気に入っても営業担当者と相性が合わなければ話が進まない。 ・実際に施工するのは下請けの工務店なので、下請け業者の腕次第で出来上がりに多少差が出る。		・もともと昔ながらの木造軸組み住宅を手がけていた業者が多く、斬新な発想やデザインがあまり出てこない。 ・地元密着なので、施工できる範囲が限られている。 ・広告宣伝をしていないため、良い業者は口コミではないと見つけにくい。 ・アフターサポートが体系化されていない業者も存在する。		・設計に力を注ぐため、見栄えの良い家ができるが、その分、設備や仕様が高価になりがち。 ・設計事務所により得意分野やデザインの好みが大きく違うので、自分に合った事務所を探す必要がある。 ・コンセプトやデザインを優先するあまり、施主の要望を聞き流す建築士も存在する。 ・設計したものが採用されなかった場合は、提案料を請求されることが多い。	

大手ハウスメーカーだからといって、何でもできるというわけでもありません。

なかには寸法に独自の規格があったり、選べる住宅設備機器に制限があったりするなど「それは弊社ではできません」と言われることも少なくありません。

間取りやデザインにこだわりたい人からすると、やりたいことが思うようにできないと不満が募ります。

逆に大手ハウスメーカーの強みの一つに、建築後の保証やアフターサポートの手厚さが挙げられます。品質管理も

しっかりしているので、マイホームに安心を求める方にとってはベストパートナーとなり得るわけです。

また、マイホーム購入に関わる業界として、「建築・不動産業界」があります。「建築業界」と「不動産業界」は一つに見えますが、その垣根は決して低くはありません。おおまかに言えば、建築業は家を建てる仕事、不動産業は土地や建物を売る仕事です。

とは言え、二つの業界ははっきり分かれているわけではありません。建築会社が不動産を売ることもありますし、不動産会社が家を建てることもあります。そのため、住宅会社が建築・不動産のどちらを母体にしているかで、家づくりに対するスタンスが変わってきます。

少し乱暴な言い方かもしれませんが、不動産系の住宅会社は建売住宅に代表されるように、どちらかというと住宅は「売る」ものと考え、打合せの担当者は営業マン、施工は下請けの工務店に丸投げということもあります。逆に建築系の住宅会社は、住宅は「作るもの」と考え、打合せの担当者は設計者や施工担当者が兼任するケースもあります。

これも、どちらが良い・悪いというものではありません。短時間で効率よく家を購入したければ不動産系の住宅会社が、こだわりをもってじっくり家づくりをしたければ建築系の住宅会社が合っていると言えます。

これが逆の組合せになってしまうと、建築系の住宅会社に対して、「家づくりがテンポ良く進まない」と思ってしまったり、不動産系の住宅会社に「営業マンに専門的知識がない」「契約を急かされる」と思ってしまうことになりかねません。

実際には、建築系のなかにも営業寄りの住宅会社があるなど上記のように明確に分類できないこともありますが、この点を意識すると住宅会社のスタンスがわかり、商談の際の交渉もしやすくなります。

住宅事業者は、理想のマイホームを手にするためのパートナーです。

家族で行う家づくり本音会議で、マイホームの要望や条件を明確にしたうえで、ベストパートナーを選んでください。

購入の法則㉙　耐震、断熱にこだわるなら、それが得意な会社を選べ

多くの人がマイホームに求める条件に、耐震性と断熱性があります。筆者の相談者でも、半数以上の方が耐震性と断熱性にこだわりを持っています。

そんな方は耐震・断熱施工が得意な住宅事業者を選びましょう。

基本的に、住宅を含む建造物は、地震時の建物の安全性を確保するため、建築基準法で定められた耐震基準をクリアする必要があります。さらに耐震性を求める方には、2000年4月1日施行の「住宅の品質確保の促進等に関する法律（品確法）」に基づく住宅性能表示制度に定められた「**耐震等級**」という指標があります。耐震等級は3段階あり、耐震等級1が建築基準法で定められた「耐震基準」と同等の基準です。したがって、いま新築されている住宅ならば耐震等級1を必ず満たしています。

耐震等級1は、「阪神・淡路大震災クラスの地震（数百年に一度程度の地震、すなわち震度6強から7程度）でも倒壊や崩壊しない程度」「数十年に一度程度発生する規模の地震（震度5強相当）に対して損傷しない程度」です。

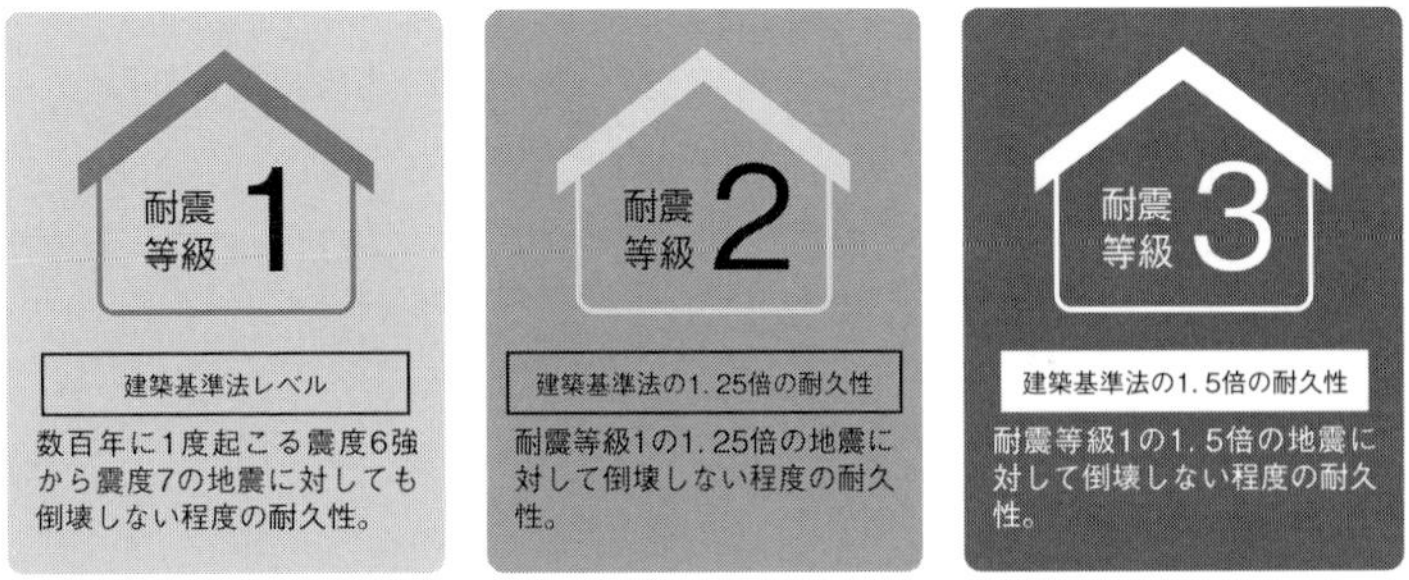

この耐震等級1を基準として、耐震等級2は1・25倍の耐震強度、耐震等級3は1・5倍の耐震強度があることを示します。つまり、それぞれ阪神淡路大震災の1・25倍、1・5倍の地震でも倒壊・崩壊しない耐震基準に設定されています。

耐震等級2は災害時の避難所として指定される公共施設の基準を満たしており、耐震等級3の住宅は2016年4月に発生した熊本地震（最大震度7）でも大きな損傷は見られなかったといわれています。

耐震強度にこだわるのであれば耐震等級を目安とし、設計の際には耐震等級3を満たすように住宅事業者に指示してください。

さらに耐震性にこだわりたい人には、設計時に**構造計算**してもらうのも一つの手です。延べ床面積500m²以下の木造二階建ての住宅については、「4号特例」として建築確認申請時に構造計算書の提出が省略できることになっており、設計時に構造計算を行わない住宅会社もあります。逆に、耐震性にこだわる場合、全棟構造計算をしている住宅会社が候補になります。

ほかに耐震実験を何度も行っている大手ハウスメーカーや、独自工法を開発して耐震等級3の基準を上回る耐震性を実現している住宅会社、地震の揺れを吸収する「制振装置」を標準仕様としている住宅会社もあります。耐震性の高い住宅を建てる住宅会社を探す際には確認してみてください。

なお、耐震性の話が出ると、「木造、鉄骨造、鉄筋コンクリート造のどの構造・工法が耐震の点で有利なのか？」との質問をよくお受けします。結論から言うと、どの構造・工法でも耐震等級3の住宅は設計できます。ただ、耐震性を高めるためには構造・工法によっては壁や柱が増えてしまうので、大空間や大開口の間取りを希望するならば鉄骨造のほうが有利かもしれません。

断熱についても住宅会社によってかなり差があります。断熱の方法も内断熱（充填断熱）や外断熱（外張り断熱）やその二つの組合せ、断熱材もグラスウールなどの繊維系やボード系、現場発泡系、最近では羊毛などの自然素材系などさまざまで、かなりマニアックな話になってきます。

気密・断熱性の指標には、C値（隙間相当面積）、Q値（熱損失係数）、UA値（外皮平均熱貫流率）などがあるので、その数

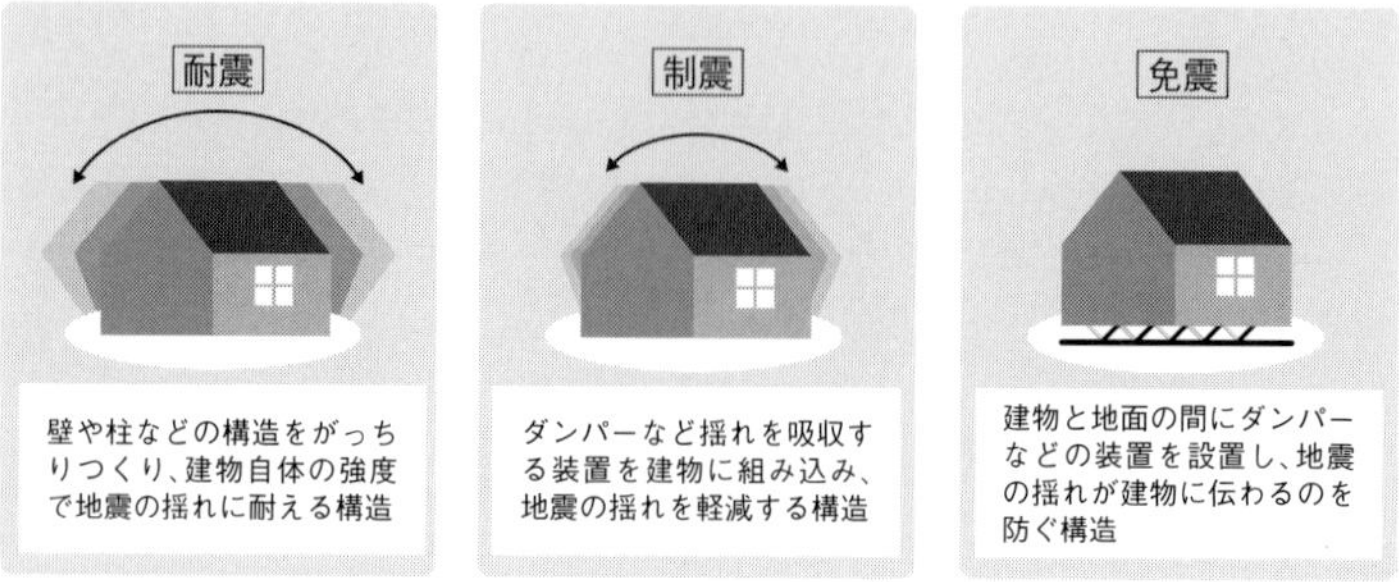
耐震
壁や柱などの構造をがっちりつくり、建物自体の強度で地震の揺れに耐える構造
制震
ダンパーなど揺れを吸収する装置を建物に組み込み、地震の揺れを軽減する構造
免震
建物と地面の間にダンパーなどの装置を設置し、地震の揺れが建物に伝わるのを防ぐ構造

値を住宅事業者に確認するのも一つの手です。高気密・高断熱を売りにしている住宅事業者は机上のスペックが高いだけでなく、全棟気密測定をしていたり、体験宿泊モデルハウスを用意していたりするので、そんな点も参考に住宅事業者を探してみてください。

ただ、耐震性にせよ気密・断熱性にせよ、性能が高いに越したことはありませんが、性能が上がればコストも上がるだけでなく、建築上の制約で使いにくい間取りになることもあります。

マイホームを購入する目的は「より良い暮らしをするため」です。「木を見て森を見ず」という言葉もありますが、細かなスペックばかりに気を取られ、暮らしにくくなってしまったり、建築費が高額になって住宅ローンの返済で家計が圧迫されたりすることのないよう、家づくり本音会議で、要望や優先順位を話し合ってください。

購入の法則㉚

ローコスト住宅会社の限界を見極めろ！

住宅会社の中には、ローコスト、つまり**低価格でのマイホーム建築**を得意とする会社があります。

「少しでも価格が安いほうがよい」と考えがちですが、選択を間違えると価格が安いだけで、自分たちが望まないマイホームになってしまうこともあります。ローコストになる理由をしっかり理解したうえで冷静に判断してください。

ローコスト住宅会社には明確な定義があるわけではありません。目安としては建物本体の坪単価が30～50万円、建築費の総額が1000万円台から2000万円台です。

「毎月の住宅ローンの返済が家賃並み」

「坪単価が安い」

「1000万円台で家が建てられる」

などと、低価格を強く訴求してくることが特徴です。

マイホームは高額ですから「安い」と聞くと心が踊ってしまいますが、価格では期待に応えても、間取りや仕様に制約が出てくるケースが少なくありません。

「ローコスト」と聞くと欠陥住宅を連想する方がいるかもしれませんが、欠陥と言われる住宅を建てる会社は稀です。コストを抑えるために、建材や設備機器を規格化したり、大量発注するなどの企業努力をしています。

しかし、効率化・省力化のあおりで、「建材の耐久性があまり高くない」「打合せ回数に制限がある」「施工期間が短い」などの〝カラクリ〟があることも事実です。仕様や性能にこだわらず、安く、早くマイホームが欲しいという方には向いているものの、こだわりのマイホームをじっくり実現したいという方に向いているとは言えません。

以前、このようなケースがありました。

Dさんは建物の建築費として６０００万円の予算を準備していました。Dさんは、ローコストの住宅

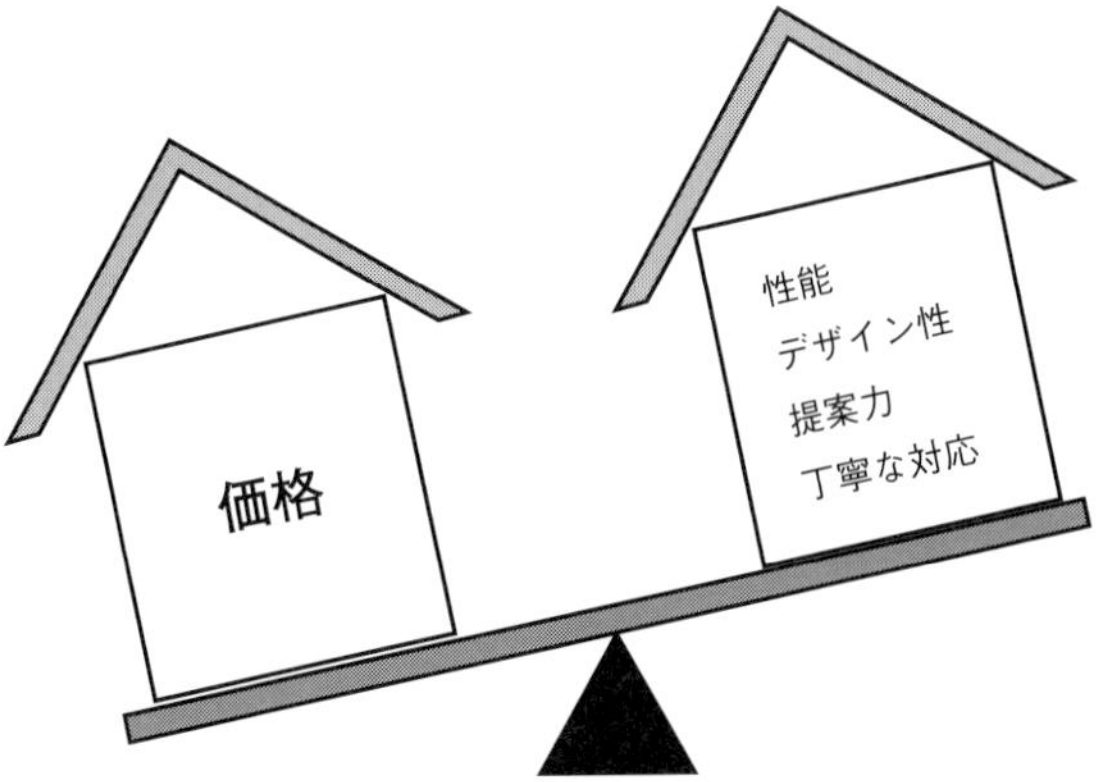

●安ければ、それでよい？

会社を選び、浮いた予算で設備や内装が豪華なマイホームを建てようと考えました。

しかし、どれだけ打合せを重ねても、満足な提案が出てこず話が先に進まなかったので、筆者のところに相談に来たのです。詳しく要望や経過をヒアリングした結果、前述の住宅会社は、コストを抑える家づくりには長けているものの、Dさんが望むようなデザイン・間取りの提案力や柔軟性、丁寧な対応に長けているとは言えず、ハイグレードな住宅の実績もありませんでした。

ローコスト系の住宅会社は、低価格の代わりに、家づくりの幅や提案力がものすごく狭い、という現実があります。「安さ」も大事ですが、それだけで良いのか家族でよく話し合って、理想のマイホームを目指してください。

購入の法則㉛
坪単価だけで購入する人の落とし穴

「**坪単価**」とは、住宅情報誌やインターネットなどに必ず掲載されている住宅価格の指標の一つです。

坪単価を気にする方は多いですが、「坪単価だけ」を判断基準にすると思わぬ落とし穴があるので注意が必要です。

坪単価とは、建築費（建物本体工事費）を延床面積（坪数）で割ったひと坪あたりの建築費用のことです。

坪単価＝建築費（建物本体工事費）÷延床面積

【例】・建築費：４０００万円

・床面積：40坪

この場合の坪単価は、４０００÷40＝１００万円となる。

このように、坪単価とはシンプルで便利な指標ですが、気をつけるべきポイントがあります。それは、分子である建築費用にも、分母である延床面積にも、「どこまで含めるかの**共通ルールがない**」ことです。

建築費用の内訳や床面積の範囲が住宅会社によって異なるので、各住宅会社が提示する坪単価をそのまま並べて比較できないのです。

例えば、分子にあたる建築費用について説明しましょう。

建築費用とは、文字通りマイホームを建てる際の費用です。マイホームの建築には建物本体以外に上下水道の引き込み、地盤補強、外構といった**付帯工事**があります。

一般的に坪単価を計算するときはこの付帯工事を含めずに坪単価を計算しますが、住宅会社によっては付帯工事も含めて坪単価を計算することもあります。逆に付帯工事ばかりか、通常は建物本体工事に含めるような設備関係をオプション扱いにして建物本体から外して付帯工事に計上するとか、「現場管理費」や「諸経費」という項目を本体工事と別に計上することで、建築費用を表向き下げることもできるのです。とくにローコストを売りとする住宅会社にその傾向があります。

分母にあたる延床面積とは、建物のすべての階の床面積の合計で、坪単価を計算するときは建築基準法に定められた「法定延床面積」ではなく「**施工床面積**」を用いるのが一般的です。施工床面積には、法定延床面積には含まないような吹抜けや小屋裏、ロフトなども含めるのが一般的ですが明確な決まりはないため、玄関ポーチやデッキを含めるなど面積を**水増し**できてしまいます。分母である延床面積が増えれば、坪単価を低く見せられるのです。

　住宅会社によって延床面積の範囲が異なる場合もあるので、建築費用と同じように延床面積の対象範囲を確認してください。

　そもそも住宅は一棟一棟、形もグレードも違うため、単純に比較はできません。

　例えば建物形状でいえば、シンプルな正方形（長方形）と凹凸のある建物では作る手間も材料費も違いますし、２階建てよりも平

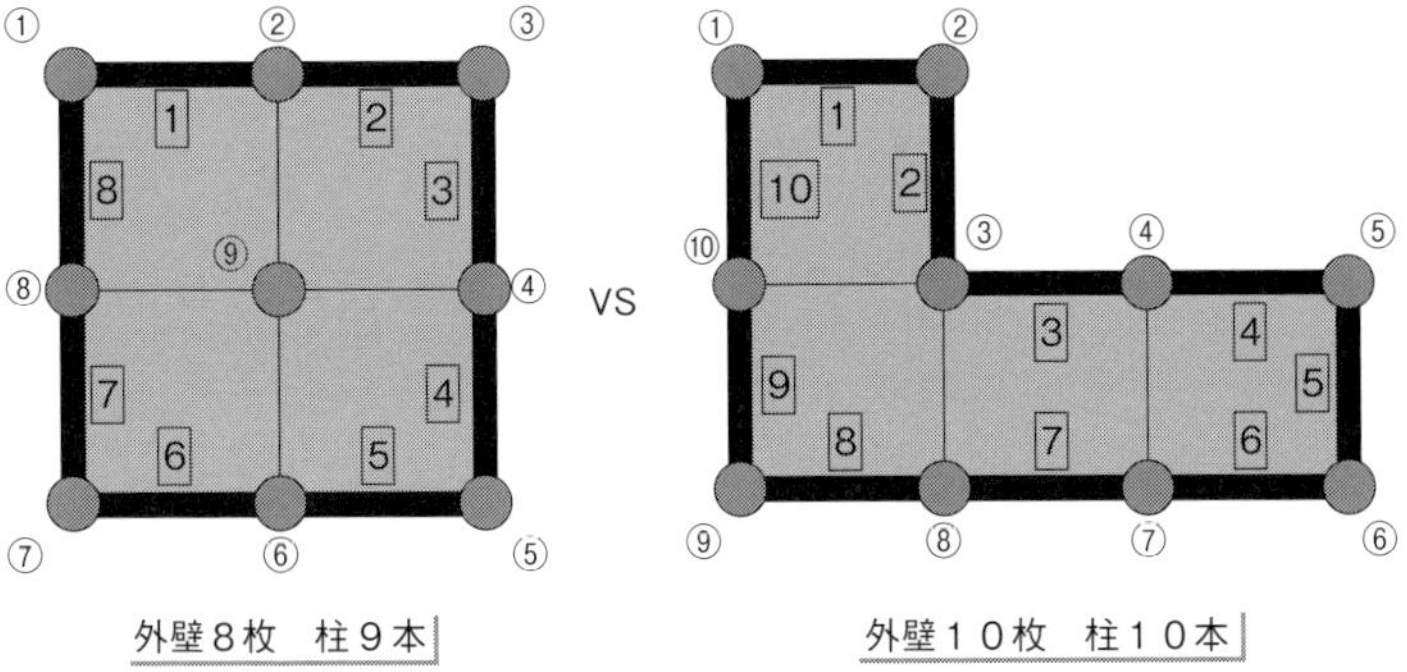

●建物形状による、柱と外壁の比較

●コストを抑える設計のポイント

項目	内容
建物形状・階数	・正方形・長方形などのシンプルな形にする。 ・2階建てにする。総2階であればなお良し。
間取り	・壁や建具で区画せず、できるだけオープンな空間にする。 ・水回りを集約して、配管のコストを抑える。
仕上げ・設備	・特注品をやめ、既製品にする。 ・建材・設備のメーカー指定をやめ、同等品も可とする。 ・使用する建材（工種）を絞る。 ・ものによっては施主支給する。

屋のほうが坪単価は高くなります。表のようにさまざまなコスト削減の方法もあります。そもそも面積が小さくなれば、コストのかかる住宅設備機器（キッチンや浴室、洗面など）の占める割合が増えて坪単価は上がります。

坪単価はわかりやすい目安です。しかし、間取りも仕様も違えばそもそも含まれる範囲や面積もバラバラで同列に比較はできないので、あくまでおおまかな傾向をつかむ程度の参考と考えてください。

購入の法則㉜

丁寧な施工をする会社の見分け方

大切なマイホームは、施工が丁寧な住宅事業者に依頼したいものです。

しかし、どの住宅事業者が丁寧な仕事をしてくれるのか一見するだけでは判断できず、住宅会社の話を聞いたとしても見極めは困難です。

どのモデルハウスもきらびやかな内装と豪華な設備が施されていますが、それと丁寧な施工とはまったくの別物です。そもそもモデルハウスなのですから、見た目がきれいなのは当然です。

では、どうやって丁寧な施工をする住宅事業者を見分けるのでしょうか？

その判断ができる場所は「**建築現場**」です。建築現場の様子から、その住宅事業者の施工に対する姿勢がわかります。住宅事業者の候補が決まったら、建築現場を見にいくことをお勧めします。

建築現場に足を運んだら、すぐに次の2点を確認してください。

1つ目は、職人さんの「**挨拶**」です。

「きっちり仕事しているのであれば、挨拶がなくてもいいのでは?」と思うかもしれませんが、それは違います。

家を一軒建てる工程は複雑で、さまざまな職人さんが関わり連携して施工を進めます。つまり、職人さんたちのチームプレイでマイホームがつくられているのです。そのため、挨拶がきちんとできていることは、連携している職人さんや関係者への気配りができていることにつながります。

2つ目は、現場の「**整理整頓**」がされていることです。

道具やゴミが散らかった現場では集中力が散漫になり、仕事も粗くなります。

また、建築現場は、常に危険と背中合わせです。整理整頓や安全管理が徹底されていないと事故にもなりかねません。掃除が隅々まで行き届き、道具も大切に整理整頓されている現場は、細部の仕上がりにも気を配られていると判断して良いでしょう。

建築現場での「挨拶」「整理整頓」という2つのポイントをチェックするだけで、施工を丁寧にする住宅事業者かどうかがある程度わかります。

建築現場への見学は、窓口の営業担当者に「現場を見せてください」と依頼してみましょう。それこそ施工に自信がある住宅事業者ならば、自社アピールの機会と考えて、喜んですぐに段取りしてくれます。

一方で、建築現場の見学を依頼しても「現場は危ないから」「お施主様のプライバシーがあるため」などと理由をつけて現場見学に消極的な住宅事業者は要注意です。それこそ、「見学できません」とはっきりと断ってくるようであれば、現場を見せたくない・隠しておきたい理由があるので、その住宅事業者との契約は考え直したほうがいいかもしれません。

また、建築現場への見学以外でも、施工に対する考え方を聞くことで、その住宅事業者の施工への姿勢が見えますので、参考までに下表に質問集を紹介します。

建築現場の見学に対する反応や、質問に対する回答で、住宅事業者を見極められます。

●丁寧な施工をする住宅会社を見極める質問集

Q. 現場監督はどんな人ですか？
キャリア・年齢は？ 監督が同時に担当する棟数は？（棟数が多いと、管理が手薄になる）
Q. 職人はどんな人ですか？
基本的に職人は社外の下請けになる。職人の入れ替わりが激しい住宅会社は発注金額が安く、人使いが荒くないか。
Q. 職人の教育体制は？
マニュアルなどのツール括用や研修などを行っているか。
Q. 施工中の検査はどのようにしていますか？
検査の担当者やタイミングは？（専門の検査担当者がいるのが望ましい） 検査の報告書はあるか？
Q. ほかに施工中に気を付けている点はありますか？
例：近隣挨拶や現場の掃除をキッチリやっている。 音や粉塵、臭いなどが出ないようにしている。現場内では禁煙。

購入の法則㉝

建築士にホームインスペクション（第三者検査）を依頼すべし

誰しも欠陥のないマイホームを手に入れたいもの。

しかし、住宅の建築は高度な専門知識が必要なので、自分では判断が難しいところ。そこで、より高品質なマイホームを手に入れたいと思ったら、建築士に**ホームインスペクション**を依頼することをお勧めします。

ホームインスペクションとは、住宅建築に精通した専門家に第三者目線で住宅の状態をチェック（検査）してもらうことです。最近は宅建業法の改正で、中古住宅を購入する際にホームインスペクションについて説明することが宅建業者（不動産会社）に義務付けられましたが、中古住宅の購入だけでなく、新築の注文住宅の建築や建売住宅、マンションの購入でも建築士によるホームインスペクションは有効です。

専門家でなければ建築現場で住宅の仕上がりを見ても、品質や専門的なことはわかりません。仮に住宅会社の営業マンや現場監督が一緒に立ち会って説明してくれたとしても、中立な立場ではありません。購入者側の目線で本当に詳細を説明しているかどうかも判断がつきません。

例えば、下の写真は基礎工事中に鉄筋の様子を撮影したものです。この基礎の特徴として、地面に高低差があるため通常の高さの基礎と深基礎の組合せとなっています。

通常基礎から深基礎に切り替わる部分は負荷がかかるため補強が必要なのですが、左右の写真を比較すると、傾斜部分で補強となる鉄筋の入り方が違います。写真（左）は傾斜に合わせて鉄筋が沿わせてありますが、写真（右）では傾斜に沿った鉄筋がありません。

そうすると強度が足りず、写真（右）の基礎は年月が経つにつれてコンクリートにヒビが入る恐れがあります。

この状態のまま基礎にコンクリートを流し込むと、この鉄筋の有無の確認は困難で、確認できたとしても補修するには少なくない費用と手間がかかります。

外壁に入れる断熱材も同様です。断熱材を設置した後に壁をふさいで仕上がってからでは、断熱材が図面通り

●傾斜に沿った鉄箱なし

●傾斜に沿った鉄箱あり

に設置されているかの確認や手直しは簡単ではありません。

昨今では、赤外線（サーモグラフィ）カメラを使って解析できるので、著しい不備は発見できるようになりましたが、断熱材の施工中にインスペクションを入れるほうが確認や手直しははるかに簡単です。

このように、住宅の建築には品質を高めるために効果的なチェック項目やタイミングが数多くあります。建築中にホームインスペクションを依頼し、品質のトラブルを回避してください。住宅事業者によっては「確認審査機関による検査が入るので、わざわざ費用をかけて建築士を入れる必要はありません」と主張してくることもあります。ただ、検査の依頼者は住宅事業者なので、検査の通りやすい確認検査機関に依頼することもあります。

また、「弊社の規定上、外部の人間が施工中の現場に入ることはできない」と建築士がインスペクションに入ることを嫌がることもありますが、そのような住宅事業者は依頼先として適切か、改めて考え直してください。

施工が丁寧な住宅事業者は逆で、施工に自信を持っているからこそ喜んで現場を見せてくれますし、むしろ「しっかりと施工しているつもりですが、施工の不備を指摘してくれるならありがたいです」とさえ言ってくれます。契約前の商談中の段階で、「御社はホームインスペクションを入れることはできますか？」と質問してその回答を聞いてみるのも、丁寧な施工をする住宅事業者かどうかを見極める判断材料になります。

●施工中のホームインスペクションの例

工程	内容
基礎の配筋	・基礎の型枠や鉄筋を施工し、コンクリートを打設する前 ・鉄筋の種類や間隔、補強、型枠との距離（かぶり厚さ） ・建物の位置
構造躯体	・上棟し、耐震金物を設置した後 ・構造材の規格や含水率 ・耐震金物や釘の施工状況
断熱材	・断熱材を施工し、壁をふさぐ前 ・断熱材の厚さや隙間 ・防湿シートの破れ
屋根・外壁	・屋根や外壁、雨どいなどの施工が完了し、足場を撤去する前 ・外壁や屋根の汚れや欠け、ヒビ ・サッシ回りの防水 ・バルコニーの防水処理 ・雨どいの設置状況
完成時	・施工の完了時 ・壁や床・天井など内装の仕上がり具合 ・建具やサッシなどの可動具合 ・床や壁の傾き ・設備機器や電気、水道、ガスなどの設置具合

※費用の目安は、1回5〜20万円程度

大切な暮らしを支えるマイホームです。後々になって品質の不具合で問題が起こることを考えたら、費用を払ってでもホームインスペクションを利用することをお勧めします。

購入の法則㉞

営業力があり過ぎる会社は品質トラブルが多い⁉

最近テレビＣＭや広告などでよく見かけるようになった住宅会社はありませんか？　実際に飛ぶ鳥を落とす勢いで、知人や同僚にもその住宅会社の家を購入する人が何人もいたりします。こういった住宅会社は、営業力があって販売数が急激に伸びている会社です。

「売れているなら品質も良いのでは？」と思うかもしれませんが、こういった住宅会社は品質面で問題を起こしている話もチラホラ耳にします。むしろ、営業力があり過ぎる住宅会社こそ品質を念入りにチェックしてください。

人気があって大勢の人が購入・建築しているのに、なぜ品質トラブルが起こるのでしょうか？

営業力で急成長している住宅会社はコストパフォーマンスを重視していることが多く、ローコストだけでなく価格のわりに仕様が良いのも、人気の理由であることが多いです。

しかし、肝心なのは施工品質です。マイホームは見えない部分まで図面通りキッチリ施工されていることが大切です。いくら設計上の仕様が良くても肝心の施工品質が悪く、マイホーム

●急成長中で施工品質に不安がある住宅会社の特徴

よくある特徴的な事象の一例
・広告や建築現場など、最近よく社名を見かけるようになった
・会社設立してからそれほど年数が経っていない
・他社に比べてコストパフォーマンスが良さそうに見える
・営業マンは優秀だが、最近入社した中途採用者
・営業マンがいつも忙しそう
・契約した途端、営業マンからの連絡が途絶えがちになる

が完成し暮らし始めてからあれこれと問題が起きたらたまったものはありません。

例えば、急成長している住宅会社の建築現場で職人さんと話をすると、次のような会話になることがあります。

筆者：「この住宅会社の現場は長いのですか？」
職人：「じつは初めてなんですよ」
筆者：「いつもこのように施工しているのですか？」
職人：「正直言うと、この会社の現場は初めてで詳しくわからないんだよね」

このような会話からわかるのは、受注の急拡大で職人さんが不足し、新しい職人さんがどんどん現場に入ってきているという事実です。

新しく現場に入った職人さんへの教育や品質管理がキッチリできていれば問題はありません。

しかし、急成長している住宅会社は、職人さんだけでなく施工部門の社員も慢性的に人手不足で、現場を管理しきれず職人さんに任せっきりになっているケースも珍しくありません。職人さん個々の腕ややる気で品質がばらつくようでは問題です。「マイホームが完成してから問題噴出」という状態になりかねないからです。

それでも、急成長している住宅会社に依頼したいと考えるなら、法則32で紹介した質問をしてみるか、法則33で紹介したホームインスペクションの利用を検討してください。

もし質問に対して「社内でちゃんと管理しています」と漠然とした返答しかなければ、施工の管理が杜撰《ずさん》になっている可能性があります。

急成長している住宅会社は、施工担当や設計担当の社員を大々的に募集していることも珍しくありません。求人情報なども情報源の一つとしてみるのも方法です。人気があって急成長していることと、品質がしっかりと担保されていることは同じではありません。営業力があり過ぎる会社の品質は、むしろ念入りにチェックすることをお勧めします。

第５章

後悔しない住宅購入の法則
【契約編】

購入の法則㉟

契約前に押さえるべき5つのポイント

――仮契約という契約は存在しない

普段からあまり交渉や契約などに慣れていないと、マイホーム購入の「契約」を単なるセレモニーのように捉えがちです。しっかりと内容を確認せず、営業マンから言われるがまま印鑑をつく方もいます。でも、安易に契約すると後からトラブルになる恐れもあるので、注意が必要です。

まず知っておきたいのは、マイホームの契約には「**売買契約**」と「**請負契約**」の二種類があるということ。

すでに完成している建売住宅やマンション、中古住宅などを購入する場合の契約は「売買契約」、注文住宅を建築する場合の契約は「工事請負契約」といいます。土地を購入してそこに注文住宅を建築する場合は、土地の売買契約と建物の工事請負契約の2つの契約を結ぶことになります。

一つ目の売買契約については、売買金額や引渡し時期、融資特約の期日といった基本的事項のほか、物件に不具合（契約不適合責任）や契約違反、解約といったトラブルが発生した時の措置をよく確認しておきましょう。詳しくは、法則42で解説します。

すでに完成している物件を購入する売買契約に対し、注文住宅を建てる際の工事請負契約は何もない段階でこれからつくる建物についての契約を交わすことになります。そのため決めるべきことや注意点が売買契約に比べ多岐にわたるので、このあと法則36から詳しく見ていきます。

なお、注文住宅の契約にあたってまず注意すべきなのが、商談中に出てくる「**仮契約**」という言葉。住宅会社の営業マンがよく、「細かいことは後でいくらでも変更できるので、まずは仮契約を結びましょう」と発言することがあります。

たしかに契約後でも設計内容の変更はできます。しかし、グレードを上げた分は当初の契約金額の中で対応してくれるわけではなく、しっかり見積りに反映されます。そこで価格交渉をしようとしても、いったん契約を交わしているので交渉はできず、予算オーバーを理由に解約しようとすると、契約を盾に住宅会社から違約金を請求されます。

そうなってから契約書を見返しても後の祭りで、そこには「仮契約」という文言はなく、あくまで「工事請負契約」と書かれているはずです。

つまり、仮契約などというものは存在せず、契約を急ぎたい営業マンが便宜的に表現しているにすぎないのです。

「仮契約」を結んだ後に変更内容を反映して「本契約」を結ぶのではなく、実際に行われるのは「本契約」を結んでから変更内容を反映した「**変更契約**」の締結です。

このように、くれぐれも「仮契約」のようなフワッとした言葉に流されて安易に契約せず、しっかりと中身を理解したうえで契約しなければなりません。

そのためには、契約前に次の５つの資料を確認してください。

■契約前に押さえるべき5つの資料

資料①：図面（平面図、立面図、配置図）
資料②：見積書とその明細書
資料③：仕上げ表（住宅設備機器や内外装のグレードがわかる仕様書）
資料④：付帯工事や諸費用が明記された資金計画書
資料⑤：スケジュール・工程表

住宅会社や営業担当者によっては難色を示すこともありますが、できるだけこれらの資料を提出してもらってください。右記の内容を確認しておけば、契約後の大きなトラブルを防ぐことができます。この５つの資料について、次節より詳しく見ていきましょう。

購入の法則㊱

資料①　図面（契約前に間取りを固めるべき理由）

図面で確認するポイントは、「空間構成や動線、収納といった間取りが打合せで提示した要望を満たしていて、建物の大きさや形に過不足がないかどうか」です。何度か図面を修正している場合、その変更が反映されていないこともあります。その確認をするために、平面図（間取り）・立面図（外観）・配置図（敷地と建物の位置関係）などを入手してください。

なぜなら、建物の大きさや形の変更が、見積額に大きく影響するからです。

例えば、坪単価が70万円の場合、１坪広げるだけで70万円の追加費用が発生します。契約前であれば、追加費用の発生に対して値引き交渉するなど、価格のコントロールがある程度可能ですが、いったん契約したらその後の価格交渉は受け付けてもらえません。

では、どこまで図面の完成度を高めるかですが、この段階では建物の詳細まで確定する必要はありません。できるだけ決めておきたいことは、見積額に大きく影響を与える**建物の大きさや形、そしておおまかな間取り**です。

逆にそこまで決めなくても差し支えのないのは、窓やドアの位置・種類・大きさ・開き方、収納の種類や大きさなどです。また、後述しますが、キッチンや浴室などの「住宅設備機器」や床・壁・天井・屋根などの「内外装」も確定の必要はありません。

なお、住宅業界では、**空中契約**と呼ばれている危険な契約があります。これは、土地を新たに購入し、その土地に住宅を建てるときに、まだ土地がない段階で建物の工事請負契約を締結してしまうものです。

住宅会社は「弊社で責任を持って土地を探すために、まずはいったん請負契約を交わしてください」と、架空の土地で図面を起こして、〝仮〟契約（前述の通り、本来仮契約などありません）を結ぶことを迫ってきます。

ここで、**相手が提示した間取りや見積りを鵜呑みにして捺印したら最後**です。

当初想定したような土地が見つからず、想定とはまったく違う土地でプランニングしたら大幅に見積額が上がってしまうこともあります。そうなっても、すでに契約しているので価格交渉には一切応じてもらえませんし、解約するには違約金が発生します。

そもそも、土地が決まっていない状態では、建物のプランニングができるわけがありません。安易に営業トークに乗せられて空中契約をしないよう、十分に注意してください。

◆注文住宅の商談の流れ

①商談する住宅会社数社を決める
←
②プランの打合せをする
←
③プランと見積りを提案してもらう
←
④比較検討して１社に決める
←
⑤工事請負契約を締結する
←
⑥仕様などの詳細を打合せする
←
⑦変更契約を締結する

↑「仮契約」ではありません！

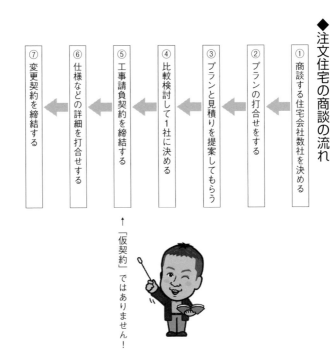

購入の法則㊲

資料②　見積り（見積書は明細まで確認すべし）

間取りと合わせて確認したいのが、金額（＝見積書）です。ただ、注文住宅の見積書は決まった書式があるわけではなく、住宅会社によって項目もまちまちです。最近はあまり見かけませんが、内訳や明細がない「一式」として総額しか記載されていない見積りだと金額の根拠が一切わからず、仕様の変更をしても価格がどれくらい変わるのかもわかりません。契約後のトラブルに発展する可能性があるので、見積書は総額だけでなく内訳や明細もしっかり提示を受けてください。

見積りの明細を受け取ったら、項目に過不足がないかよく確認してください。必要な項目が漏れていた場合、住宅会社の落ち度と思われるものでも、契約後の追加変更は増額になってしまうことがあります。これは、見積書に**【※当見積りに記載の無い事項は別途の見積りとなります】**という文言が小さな文字で記載されているからです。

契約前には、要望した内容に漏れがないか、根拠のある価格で明記されているかを必ず確認してください。

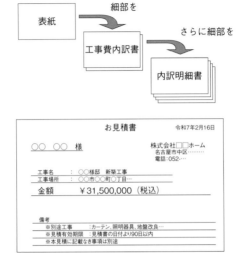

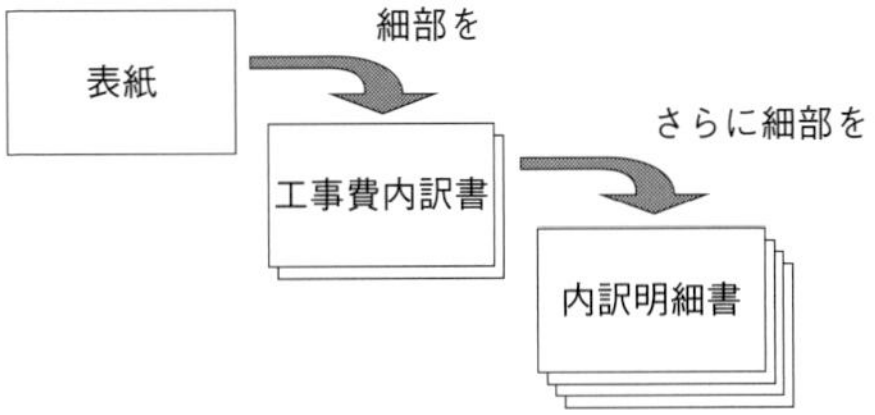

お見積書　令和7年2月16日

○○　○○　様

株式会社□□ホーム
名古屋市中区………
電話：052-…

工事名　：　○○様邸　新築工事
工事場所　：　○○市○○町○丁目…

金額　¥31,500,000（税込）

備考
※別途工事　：カーテン、照明器具、地盤改良…
※見積有効期限　：見積書の日付より90日以内
※本見積に記載なき事項は別途

工事費内訳書

番号	名称	仕様・寸法	数量	単位	単価	金額	備考
1	仮設工事		1	式			
2	基礎工事		1	式			
3	木工事		1	式			
4	屋根工事		1	式			
5	外壁工事		1	式			
6	左官工事		1	式			
7	タイル工事		1	式			
8	防水工事		1	式			
9	…		…				
10	…		…				

内訳明細書

番号	名称	仕様・寸法	数量	単位	単価	金額	備考
1	仮設工事						
	水盛・遣り方		80	m^2			
	外部足場		120	m^2			
	同上養生ネット		120	m^2			
	レッカー	5t	1	回			
	吹抜け用足場		1	式			
	仮設トイレ		1	式			
	仮囲い	Aバリ	25	M			
	…		…				
	…		…				

●見積書の構成

さらに、住宅会社側のうっかりミスで見積り漏れが多いのが「**付帯工事**」です。付帯工事とは法則31で触れた通り、地盤改良や水道引込み工事といった建物本体以外で必要となる工事のことです。地盤改良などは100万円単位で増額されることもあります。

また、耐震性や断熱性を上げたい場合には、明細に記載されている**仕様**や**グレード**に誤りがないかを確認してください。要望とは違うスペックの材料で見積もられているケースもあります。契約後に仕様の誤りに気づき住宅会社の過失だと指摘しても、「契約書に押印されているから、お客様も合意されています」と言われる可能性があります。

マイホームの購入が初めての場合、見積明細を見ても、内容が正しいかどうかの判断は難しいかもしれません。住宅会社に見積内容の説明を依頼しましょう。

いったん契約書に押印してからの価格交渉は、とても難しくなります。契約前には時間に余裕を持ち、見積書の不明確な点を一つずつ潰すことが重要です。

購入の法則㊳

資料③　仕上げ表（契約前に設備と内外装のグレードを確認すべし）

資料の３つ目は**仕上げ表**です。仕上げ表にはキッチンや浴室といった住宅設備機器、床や壁・天井といった内外装のグレードや型番が記載されています。

設備や内外装のグレードは、購入者と住宅会社の間ですれ違いを起こしやすいうえ、グレードによって価格帯も大きく変わり見積額への影響も大きいので、契約前にしっかりと確認してください。

よくある失敗は、見学したモデルハウスで使われていた設備や内外装が見積りに含まれていると思い込んでしまうことです。

モデルハウスは、見映えを優先し理想の暮らしを演出して見せるため、ほとんどの設備や内外装がオプション扱いのハイグレードな仕様となっています。ところが見積りでは、特に要望しなければ設備や内外装は標準仕様で記載されています。

ここで見積りに記載されている標準仕様と頭の中で想像しているグレードの違いに気がつかないと、工事に入って取り付けられた実物の設備や内外装を見て「思っていたのと違う」と取り返しのつかない事態になります。

このような事態を防ぐ一番確実な方法は、設備や内外装メーカーのショールームに足を運び、見積書や仕上げ表に記載されている品番の実物を見て、デザインや質感、使い勝手や機能・性能などを確認することです。ショールームに行くのが難しい場合は、最低でもカタログや資料、サンプルを取り寄せて確認してください。住宅会社の営業マンにいずれかの確認をさせてほしいお願いすると「設備や内外装の詳細なものの決定は契約後に行うので、いまは弊社の標準的な仕様でいったん契約しましょう」などと難色を示すことがありますが、「実際に見てみないと契約できません」と伝えれば段取りをしてくれます。そこまで言っても対応してくれない時は、契約するのを再考すべきです。

契約前で2～3社の住宅会社と商談している段階で、設備や内外装をすべて確定することは、時間的・労力的に簡単ではありません。具体的な色や型番、細かな機能を決めるのは契約後で構いませんので、契約前の段階はどの程度のグレードのものが見積りや仕上げ表に記載されているかを**確認**してください。確定まではしていなくても確認までしておけば、契約後にグレードを上げて見積額が上がっても納得できるはずです。

●確認すべき住宅設備機器と内外装

	項目	内容（契約後に追加しがちなこと）
設備	キッチン	・タッチレス水栓やお掃除機能など
	浴室	・お掃除機能
	洗面	・2ボウル
	トイレ	・タンクのあり、なし
	給湯器	・省エネ型
	シャッター	・電動がラク
	玄関扉	・キーレス
	床暖房	
内外装	床	・1階と2階でグレードを変えることも可能。 ・一般的に、クッションフロア→プリント合板→突板（つきいた）→挽板（ひきいた）→無垢、の順で価格が上がる。
	壁・天井	・最も使われているのはビニールクロス。クロスはビニール以外に和紙や珪藻土を練りこんだ商品もある。 ・漆喰や珪藻土などの左官仕上げは良い質感だが、価格は上がる。
	外壁	・サイディング、ガルバリウム、タイル、左官、ALCなど
	屋根	・スレート瓦、陶器瓦、ガルバリウム、アスファルトシングルなど

購入の法則㊴

資料④　資金計画書（本体工事以外の付帯工事と諸費用の中身を確認すべし）

注文住宅の建築にあたって起こりがちなのが、契約後の追加・変更による見積額のアップです。その原因の一つに、注文住宅の建築費用の内訳を把握しきれていないことが挙げられます。法則31で触れた「坪単価」は便利でわかりやすいのですが、坪単価で算出する建築費用は建物本体の工事しか見ていません。「それで何がいけないの？」と思うかもしれませんが、住宅の建築には建物本体工事以外に、建替えの際の解体、上下水道の引込み、地盤改良、外構などが必要で、これらを「付帯工事」と呼びます。建物本体工事に含むのはすべての住宅で必ず行うもの、例えば外壁や屋根、床、キッチンなどの工事で、付帯工事は敷地などの条件によっては行わない工事と考えてください。

また、こういった工事以外に、住宅ローンの手数料や登記、火災保険といった諸費用も必要です。おおよその予算配分の目安は、**建物本体工事が70％、付帯工事が20％、諸費用が10％**といったところです。

注文住宅を建築する際には建物本体工事だけでなく、付帯工事や諸費用に漏れがないか、入

●住宅取得費用の内訳（目安）

土地分		建物分		
10%	90%	70%	20%	10%
諸費用	土地	本体工事	付帯工事	諸費用

念に確認してください。

付帯工事や諸費用は立地条件や建物本体の仕様、住宅ローンの利用の有無などによって、その項目や内容も変わってきます。付帯工事や諸費用は建物本体工事の見積りに含まれていないことも多く、その場合は「資金計画書」として取りまとめられるのが一般的です。住宅会社には建物本体工事の見積りだけでなく、付帯工事や諸費用も記載された資金計画書を提出するように依頼してください。そのうえで、次のチェックリストを使って一つひとつ漏れがないか確認します。

このリストを使えば、付帯工事や諸費用を漏れなくチェックできます。商談中の住宅会社が複数あれば、すべての住宅会社でチェックすれば、住宅会社間の比較もしやすくなります。

チェックしても該当する項目がなければ、住宅会社に記載されていない理由を必ず確認しましょう。

「工事や諸費用として本当に必要がないのか」あるいは「記載漏れなのか」など、住宅会社からしっかりと説明してもらうことがポイントです。

逆に、チェックリストには見当たらない内容の費用が計上されていた

●住宅取得資金チェック表

	項目	金額
本体	建物本体価格	
付帯工事	地盤改良工事	
	給排水設備工事・ガス配管工事・電気設備工事	
	仮設工事・雑工事（伐採・整地など）	
	水道引き込み工事	
	解体工事	
	宅地造成工事・残土処分	
	外構工事（塀・駐車場・門柱・植栽など）	
	＊カーテン・照明・家具・家電	
	＊空調工事（エアコン移設含む）	
	＊TV アンテナ・ケーブル TV・ホームセキュリティ設置工事代	
	オプション工事（設備・造作家具等）	
諸費用	測量、確定測量	
	地盤調査	
	＊契約（請負・売買）印紙代	
	設計・監理業務委託料	
	建築確認申請代行料・申請証紙	
	各種許認可手数料等（宅造法・農地法・開発行為等）	
	各種申請（性能評価・適合証明書・瑕疵保険料・長期優良住宅・各種補助金）	
	＊水道加入金・排水負担金・各種施設負担金	
	＊住宅ローン　金銭消費貸借契約印紙代	
	＊住宅ローン　事務手数料	
	＊住宅ローン　保証料	
	＊つなぎ融資費用（金利＋金消契約印紙代）	
	＊不動産仲介手数料	
	＊固定資産税・都市計画税精算金	
	＊修繕積立基金・町内会費など	
	＊登記費用（表示・保存・抵当権設定・滅失・名義変更）	
	＊火災保険料・地震保険料	
	地鎮祭や上棟式の祭事費・近隣挨拶手土産代	
	＊引越し費用・トランクルーム代・仮住まい費用	
	＊不動産取得税	
	合計	

＊印は建売・マンション購入時にも必要

ら、必ず確認してください。ひどい住宅事業者になると、建物本体工事価格の一部を付帯工事に計上し、本体価格を安く見せるようなトリックを使ってくることもあるのです。

購入の法則㊵

資料⑤ スケジュール（完成時期の確認はマスト！工程表を出してもらえ）

マイホームの購入にあたり、大事な要素の一つが**入居時期**です。出産や子どもの入園・入学、転勤など、希望する時期に間に合わないと仕事や生活に支障が出ますし、仮住まいや引越し費用がかさんでしまうこともあり得ます。

そこで、建物の完成時期の確認が必要です。契約前に、住宅会社から**工期**や**スケジュール**を説明してもらいましょう。仮でもよいので工程表を提出してもらうとよいです。

工期遅れによるトラブルだけでなく、工期が短すぎることによる手抜きの突貫工事のリスクもあり得ます。

例えば、子どもの入学や転校のために、新居への引越しを4月までにしたいと思ったものの、同じように考える施主が多くて、職人の手が足りずに完成が間に合わないという事態は決して珍しくありません。

建物の完成が間に合わず、子どもの転校を優先して遠距離の送迎を余儀なくさせられたり、お母さんと子どもだけが転居先近くの賃貸住宅に仮住まいをするというケースも耳にします。

一方で、短い工期設定が原因で、突貫工事による不具合が発生してしまえば本末転倒です。住宅会社としても3月は決算に間に合わせるために、是が非でも完成・引渡ししたいと、無理を重ねる可能性もあります。契約を交わす前に、工程表を出してもらってください。特に、引渡しが重なる年末や年度末に入居を希望する場合は、スケジュールに余裕を持っておいたほうが安全です。

下の図は、注文住宅を建てた場合の入居までのスケジュールです。

この図では、施工期間が4～6ヵ月となっていますが、これは一般的な目安です。住宅会社でも、大手ハウスメーカー、地元の工務店によっても工期が異なりますので、各々からスケジュールや工程表を出してもらいましょう。

スケジュールや工程表があれば見通しが立つ

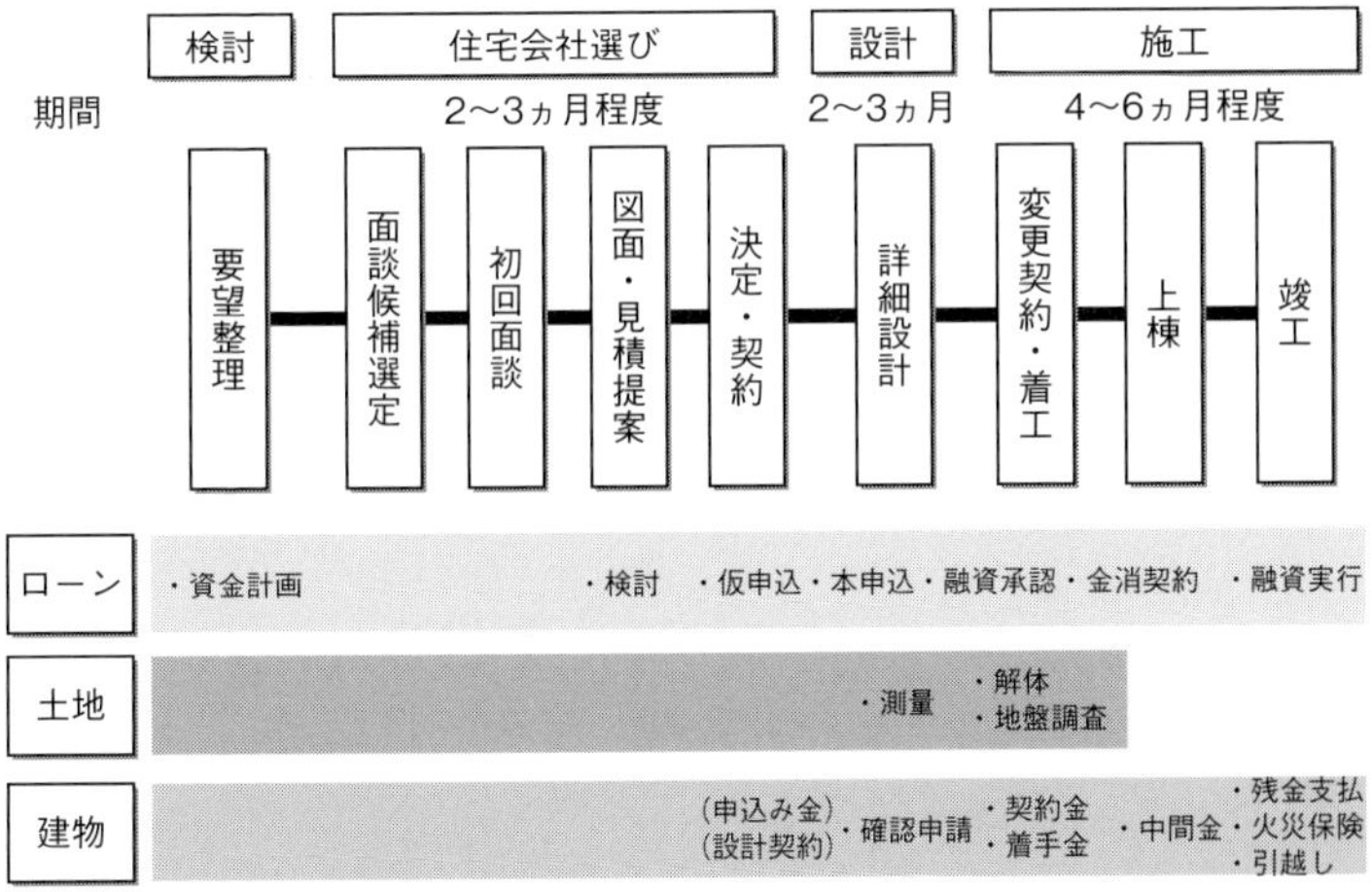

●入居までのスケジュール（注文住宅の場合）

ので、工事が始まってからの進捗も工程ごとに確認しやすくなります。工事が予定通り進んでいなければ、その段階ですぐに対策を依頼することで、工期の遅れを防ぐことも可能です。

購入の法則㊶
要注意！住宅の名義によっては贈与税が数百万円

夫婦二人でのマイホーム購入は珍しいことではありません。でも、やり方を間違えると、本来は不要だった税金を納めるよう、税務署から催促されることがあります。その税金は「**贈与税**」です。その名の通り、贈与、つまり人から財産を分けてもらったときに発生する税金です。

マイホームを購入したら、持ち主（所有者）が誰なのかを明確にするために、法務局で所有権の登記を行います。夫婦二人でマイホームを購入した時は夫婦共同で所有権の保存もしくは移転登記を行いますが、一般的に一つの不動産を二人で所有する「共有名義」という形式になります。この時に登記のやり方を間違えると、数百万円単位という高額な贈与税が発生する可能性があるのです。

例えば、５０００万円のマイホーム購入にあたって住宅ローンを夫婦で２５００万円ずつ借入れたとき、土地と建物の名義を夫の単独名義にしてしまうと、夫に贈与税が発生します。これは、夫が妻から２５００万円のプレゼント、すなわち贈与を受けたと見なされるからです。

贈与額が2500万円の場合、納める贈与税は約810万円にもなります。

共働きの夫婦で所得を合算すれば、より多くの住宅ローンを借りることができます。また、住宅ローン減税も夫婦二人で受けることができますが、贈与税がかかったら元も子もありませんので注意が必要です。また、住宅ローンは夫一人で借りるものの、妻も独身時代の貯蓄などから頭金を出すケースも同様です。

このように、夫婦二人で資金を出し合ってマイホームを購入する場合は**共有名義**とし、誰にどれくらいの所有権があるかの「**持ち分割合**」はそれぞれが出資した比率に合わせることをお勧めします。例えば、5000万円の住宅ローンを夫婦で2500万円ずつ借入れした場合、夫50%・妻50%の持分割合の共有名義にすると、贈与税は発生しません。

これら不動産の所有者や登記の仕方、持ち分割合は、実際に売買代金を支払って所有権の保存登記や移転登記をする際に決めます。少なくとも売買契約の段階、できればマイホームの購入を考え始めた段階で、資金計画や住宅ローンの組み方、税金のことなどをふまえて土地・建物それぞれの名義や持ち分割合をどうするか検討しておきましょう。

なお、夫一人が資金を出してマイホームを購入する場合でも、将来の相続をふまえて財産を妻にも分けておきたい場合、婚姻期間が20年以上あれば2000万円までの不動産や不動産取得用の資金は贈与税なしで贈与できます。

●登記の種類

種類	内容
単独登記	・夫もしくは妻が一人で登記する。
共有登記	・夫婦が連名で登記する。それぞれの持分割合を決める。
区分登記	・マンションなどの場合、一つの建物を複数の所有者で別々に登記する。 ・完全分離の二世帯住宅の場合、親子で別々に区分登記することもできる。

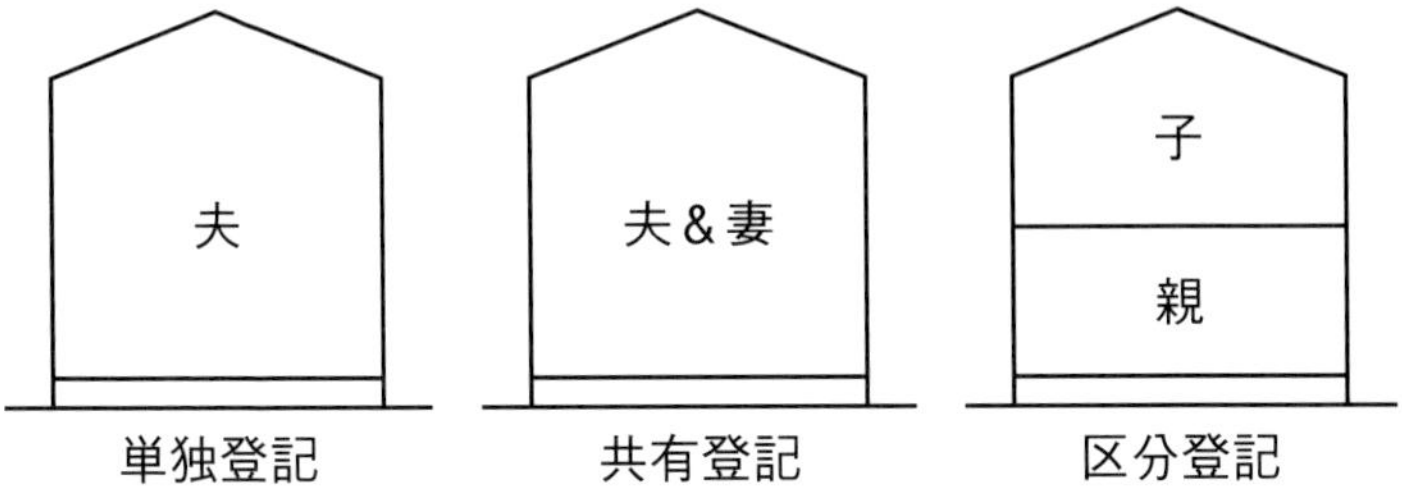

購入の法則㊷

契約前に予め契約書を確認し、不明点を質問せよ

マイホームの購入において、契約の締結は重要なステップです。契約書というのは重要な約束ごとを書面にまとめたものであり、契約書への押印は「記載されている内容をすべて読み、理解したうえで合意した」という証です。押印後に、「内容が思っていたのと違うから、変えてほしい」と言っても、一切通用しません。よく読んでいなかった「あなたの落ち度」となってしまいます。

まず、マイホームの契約のうち「**売買契約**」について見ていきましょう。

法則35で触れた通り、建売住宅やマンション、中古住宅といった完成物件を購入する場合の契約が売買契約です。売買契約で交わす書類は次表（上）のとおりです。

なお、売り主が不動産会社やディベロッパーなどの宅建業者（宅地建物取引業者）の場合、「中古住宅ならば契約不適合責任の期間が2年以上」、「新築の建売住宅ならば瑕疵《かし》担保責任の期間が10年以上」などの消費者保護の規定が盛り込まれています。

次表（下）は、注文住宅の「**工事請負契約**」の関係書類です。法則36～40で見てきたよう

●売買契約の書類

項目	内容
契約書	・金額や場所、買主・売主の名前、期日などが書かれた契約書に、細かな取り決めが書かれた約款が付いている。
重要事項説明書	・不動産購入にあたり、意思決定に影響を及ぼすような大事な事項をまとめたもの。売買契約締結までに、宅地建物取引士による説明が義務付けられている。 ・重要事項とは、建築基準法や都市計画法などの法規・規制や、水道やガスなどの設備の整備状況、火災や事故などの心理的瑕疵に該当する事項などのこと。
その他資料	・登記簿謄本や公図、固定資産税の評価証明書など。

●工事請負契約の書類

項目	内容
契約書	・金額や場所、施主・住宅会社の名前、工期などが書かれた契約書に、細かな取り決めが書かれた約款が付いている。
重要事項説明書	・設計監理に関して、担当する建築士の氏名や作成する成果物の内容、監理の仕方などを建築士が説明する。
設計図書	・図面や見積書、仕上表など。

に、売買契約より書類も内容もはるかに数が多くなります。

次に、契約関係書類で気を付けたいポイントです。大きくは次の2つです。

●ポイント1

「どんな家を購入・建築するのか？」

●ポイント2

「万一のトラブル時の取り決めは？」

特に注意したい項目を次表にまとめました。

契約締結にあたって重要なのが、契約関係書類を**事前に見ておく**こと。

実際の書類を見るとわかりますが、素人がいきなり見せられてもほとんど理解が難しいものです。契約を取り交わす当日までに、住宅事業者にしっか

●契約にあたり特に確認しておきたい事項

項目	内容
金額と支払条件	・交渉で合意した通りの金額か。 ・契約時に支払う手付金の額は？ ・中間金の支払時期や金額（注文住宅の場合）
引渡し時期	・物件の所有権が移る期日 ・住宅ローンを実行し、火災保険がスタートするので、それらの段取りが間に合うか。 ・入居希望時期通りか。
融資特約の期日	・住宅ローンの審査に通らなかった場合に白紙解約できる期日 ・この期日を過ぎると、住宅ローンの審査に落ちたという理由での白紙解約ができなくなる。
契約不適合責任	・購入する土地・建物に、欠陥などの不具合があった場合に売り主がどのような責任を負うか、その責任を追及できる期間などを確認する。 ・2020年4月以前は「瑕疵担保責任」と呼ばれていた。 ・売り主が宅建業者（不動産会社など）の場合は、宅建業法の規定で責任期間は2年以上と定められている。
契約違反や解約	・契約違反が発生した時の取り決めや、解約時の違約金・損害賠償金の金額など。

り契約関係書類の内容を説明してもらえればベストです。

しかし、これほどまでに重要な書類にもかかわらず、一般的な不動産の売買取引では契約当日にいきなり契約関係書類を見せられ、一通り読むだけでサイン・押印を求められるのがごく当たり前になってしまっています。

不動産会社は嫌がるかもしれませんが、事前に契約関係書類を提示・説明してもらい、わからないことがあれば質問をしてください。

説明が腑に落ちない場合は、記載内容を修正してもらうことも必要です。

「これまでにそのような事例はありません」

「大丈夫です、そこまでやる必要はないですよ」

などと言ってくる営業マンがいてもその言葉を鵜呑みにせず、どうしても説明を渋るのであれば、その会社との契約は考え直してもいいぐらいです。


契約の締結は、夢のマイホームを実現させるための大切なステップです。「こんなはずではなかった…」と後悔しないためにも、契約前に内容の不明点や違和感を放置せず、すべてをクリアにすべきなのです。

第６章

後悔しない住宅購入の法則
【落とし穴回避編】

購入の法則㊸

営業マンを敵対視してもメリットはない

住宅会社の営業マンとは価格などの交渉をするため、営業マンに対して隙を見せないように身構えてしまいがちです。特に、最近はインターネットなどで「営業マンは敵だ！」といった情報を目にする機会が多いので、それを真に受けて営業マンのことを敵視する方がいますが、じつは得策ではありません。

たしかに住宅会社の営業マンと顧客では立場が正反対で、価格一つとっても高く売りたい営業マンと安く購入したい顧客では利害が対立します。

だからといって、過剰な値引きを強要するなどして無理難題を押し付ければ、営業マンの心も離れてしまいます。それでは、総合的に見てメリットよりもデメリットのほうが大きいと言わざるを得ません。

特に、注文住宅においては営業マンを敵視するデメリットが顕著です。それは、完成している建売住宅を買うのとは違い、ゼロから打合せして、営業マンと顧客が一緒にマイホームをつくり上げるからです。営業マンは建物が完成するまでの設計・施工や完成後のアフターまで、各部門を束ねるキーマンです。その営業マンに気持ちよく動いてもらうためには、営業マンと顧客の信頼関係が必要なのです。

営業マンも人間なので、信頼されていると感じれば「この人の期待に応えるために頑張ろう」と思い、より良い提案や値引きなど、関係者に多少の無理が利くよう働きかけてくれます。

逆に、信頼関係が築けていないと営業マンが感じれば、より良い提案も出てきませんし、頑張って受注しようとさえ思えなくなります。この状態では、理想のマイホームを一緒につくり上げることは困難です。営業マンからは「無理な値引きや駆け引きばかりされて断った」という経験が一つや二つはあると聞きます。

ただ、初めて会った営業マンをいきなり信頼するのも簡単ではありません。むしろ、住宅会社が決まっていない段階では、いろいろな住宅会社や営業マンと商談して見極める必要がありますし、多少の駆け引きも必要なので、あえて心理的な距離感も必要です。

信頼関係を構築するのは、複数の住宅会社から提出されたプランや見積などを比較して、そろそろ住宅会社が絞れてきたという段階で大丈夫です。

ここからは遠慮は無用です。隠しごとはせず、意識的に距離感を近づけてください。信頼関係を築けるかどうかが、住宅会社選び、営業マン選びの見極めポイントの一つにもなります。

せっかく夢のマイホームをつくるならば、住宅会社の営業マンを心強いパートナーにするために、友好的な関係を築くことをお勧めします。

■信頼関係を築けない、営業マンに嫌われる顧客の特徴

・営業マンを敵視する
・度を越した駆け引きを仕掛ける
・情報をオープンにしない
・知ったかぶる（ネット情報を鵜呑みにする）
・細かすぎる
・決断できない（後から言うことがコロコロと変わる）
・高圧的で一方的な要求が多い（「客は神様だ」と思っている）
・約束を守らない（時間にルーズ）
・会社の商品やコンセプトと合わない（価格帯やこだわり等）

購入の法則㊹
スペックを求めすぎた人の末路

誰しも、一生に一度の夢のマイホームとなれば、理想を追求したくなるのが人情です。マイホーム購入を考え始めた時からインターネットなどで情報をとことん調べ、より良い家にしようと、考え得る最高性能を求める方がいます。でも、過ぎたるは及ばざるがごとし。スペックはたしかに重要ですが、必ずしも高い性能が快適な暮らしにつながるとは限りません。

例えば、住宅の性能指標の一つに「ＵＡ値」があります。ＵＡ値とは「外皮平均熱貫流率」のことで、室内の熱の逃げやすさを数値化したものです。ＵＡ値が小さいほど室内の熱が逃げにくくなり、断熱性の高い省エネ住宅となるので「ＵＡ値を○○以下にしたい」という方もいます。

ところが、この断熱性能だけにこだわり過ぎると、住みにくい家となってしまう場合があります。ある住宅会社から聞いた話をご紹介します。

東海地方在住にもかかわらず、北海道レベルの断熱性を求めたお客様がいました。その方は、冬は快適に過ごせたのですが、夏になると室内の熱がこもって大変な目に遭ったそうでます。また、断熱などのスペックばかりに目が行き過ぎた結果、家事の動線が悪くなる例もあります。

仕様の打合せをした季節や環境によって、スペックに対する意識が変わることもあります。冬場の寒い時期に打合せをすると、寒さ対策に意識が向かって断熱性にこだわりがちです。それが夏に打合せをすると、断熱性よりも風通しの良さなどに意識が向いてしまうのです。

季節によっては、こだわったスペックが裏目に出てしまう。スペックは具体的な数値で示されるのでわかりやすい分、数値に影響され過ぎる方もいます。しかし、マイホームの購入では決めなければいけないことが多岐にわたり、それぞれ人によってこだわり方も違います。数値だけでなく、まずは望む暮らしを考えたうえで、間取りや性能、予算など全体のバランスを考慮して要望や条件を決めるよう心がけましょう。次頁の「マイホームこだわりチェックリスト」も参考にして、くれぐれも、「木を見て森を見ず」にならないよう気をつけてください。

さらに、スペックには表れない「暮らしやすさ」も重要です。

例えば、家事動線や収納といった使い勝手のほかに、インテリアのデザインや質感、料理や音楽・スポーツといった趣味などは、暮らしを豊かに彩る要素になります。「マイホームでの暮らしを豊かにする要素」も156頁にまとめました。せっかく世界で一つだけのマイホームを購入するのですから、この表を参考にしてあなたのプラスアルファの夢をカタチにしませんか？

●マイホームこだわりチェックリスト

項目	絶対 こだわる	できれば こだわる	こだわら ない	コメント
広さ（面積）の確保	□	□	□	
デザイン	□	□	□	
間取り	□	□	□	
健康住宅	□	□	□	
自然素材・無垢材	□	□	□	
自然エネルギー	□	□	□	
気密・断熱性	□	□	□	
省エネ	□	□	□	
設備機器	□	□	□	
仕様・品質	□	□	□	
バリアフリー	□	□	□	
耐震性	□	□	□	
構造・工法	□	□	□	
コスト	□	□	□	
完成（入居）予定日	□	□	□	
施工（着工〜竣工）期間	□	□	□	
メンテナンス性	□	□	□	

●マイホームでの暮らしを豊かにする要素

項目	マイホームへの反映のさせ方
音楽	・BGMを楽しめるオーディオシステムを建物に組み込む。 ・演奏や鑑賞を楽しめる防音室を作る。
映画	・リビングや浴室などで映画を楽しめるようにする。 ・シアタールームを作る。
食べ物	・キッチンを広くしたりパントリーを設ける。 ・ワインセラーを設ける。
お店	・好きなお店のインテリアを参考にする。
空間	・閉じた空間、眺望を楽しめる空間、自然を感じられる空間。
建物	・好きな建築物のデザインを参考にする。
植物	・ガーデニングできる庭や、花を飾れるスペースを設ける。 ・シンボルツリーを植える。
絵	・好きな絵を飾れる場所を設ける。
色	・好きな色を、外観やインテリアでアクセントカラーにする。
有名人	・好きな有名人のライフスタイルを参考にする。
国・地域	・その国を感じられるデザインやテイストを取り入れる。
動物	・キャットウォークを設ける。 ・ペット用の部屋・場所を設ける。
スポーツ	・スポーツ用の道具置き場を設ける。 ・トレーニングルームを設ける。
本・雑誌	・書斎や書庫や本棚を設ける。 ・お気に入りの本を飾れる場所を設ける。
車・バイク	・ビルトインガレージを設ける。 ・整備する場所や道具置き場を設ける。
服・ブランド	・衣裳部屋を設ける。 ・好きなブランドのテイストに合うインテリアにする。

購入の法則㊺
家族の一人に任せ過ぎると後でモメる原因に

マイホーム購入までの道のりは長く、決断の連続で疲れます。

「よくわからないから、全部任せるわ」

家族の誰かに打合せなどを押し付けてしまう方がいます。ただ、家族の一人にマイホーム購入の検討を任せ過ぎてしまうと、後でモメる原因になることがあります。

任されたことで責任を感じ、住宅会社との打合せやネットでの調べ物などを一人で頑張っているのに、まわりの家族は無関心で何を言っても生返事。その温度差に「なんで自分一人がこんなに苦労しているのだろう」と我に返り、ケンカになることがあります。

そんな気持ちを何とか落ち着かせて打合せを進め、ようやく具体的なかたちとなった間取りを見た他の家族から、「書斎はもっと大きくしてほしい」「この位置のリビングは嫌だ」といった要望（というよりクレーム）が出て、「それなら先に言ってよ！」と大喧嘩！　そのあげく家づくりがストップし、離婚という最悪の結末に至るケースさえあります。

「自分はそんなことはしない」と思われるかもしれませんが、実際によく起こっています。

任せた側も決して悪気はなく、マイホーム購入のスタート段階では本当に意見がないのです。それが具体的なプランを見た途端にものを言いたくなるので、相手からすると余計タチが悪いと感じるのです。

■後から出てきがちな要望

・部屋が広い／狭い
・部屋の位置が希望と違う
・窓が小さい
・風通しが悪そう
・希望する部屋が無い（書斎、収納など）
・デザイン／テイストが違う
・希望する設備が入っていない

まわりの家族がだれか一人に押し付けた場合だけでなく、自分から「みんな忙しそうだから、私に任せて！」と請け負った場合も同様です。「自分から言うのだから、任せておこう」とまわりは思っても、家づくりは山あり谷あり。調子よく進んでいるときは何の問題もありませんが、予算がオーバーしたとか、なかなか希望の間取りにならないという時に、一人で悩むのは精神的にキツイものです。

こんなときこそ家族の絆が試されます。一緒に苦労してマイホームを完成させることで、家族の絆が強まり、より良いマイホームが完成するのです。家づくりはそこで暮らす家族全員が当事者意識を持つことが大切です。もし家族から家づくりを押し付けられたときは、できるだけ自分一人では動かずに**家族を巻き込む**ようにしましょう。

マイホーム購入よりも、本来は「家族の理想の暮らしを実現する」ことが目的のはずです。家族の一人に任せた結果、揉めごとが起こり、家族が分裂してしまっては本末転倒です。家族全員で「家づくり本音会議」から、まずは始めてください。

■家づくりを進めるコツ

・「家づくり本音会議」を家族全員でしっかり行う
・モデルハウスやショールームの見学へは家族揃って行く
・家族の役割分担を決める
（外観は夫、間取りは妻。キッチンは妻、リビングは夫など）
・家づくり中は、仕事など他の予定の優先順位を下げる

購入の法則㊻

不自然に価格が安い住宅にはワケがある

マイホームは高額なので、できるだけ安く買えるのに越したことはありません。法則30で説明したローコスト住宅会社の場合は、いろいろな合理化で価格を下げる努力がなされ、その根拠があります。でも、相場価格よりも不自然なほど「安い」と感じる住宅には、裏を返せば「売りにくい」のです。

つまり、安さの裏側には「一般の人々に受け入れられない理由がある」と考えるべきです。

例えば、住宅が不自然に安くなる理由には次のようなケースがあります。

- 建物に欠陥がある
- 過去に不幸な事故があった
- 周辺に迷惑施設がある
- 近所とトラブルになった

・住宅会社や不動産会社の経営状態が思わしくない（早く現金化したい）

ただ、これらの理由は、住宅を見ただけでは簡単にはわかりません。「相場より不自然に安い」と感じたら、次のような方法で理由を調べてみましょう。

方法１　営業マンに質問する

安いと感じたら、その理由を住宅会社や不動産会社の営業マンに率直かつ細かく質問してください。

とくに中古物件の場合は、売主が手放す理由も聞いておくとよいです。

方法２　購入する物件周辺を自分の足で調査してみる

住宅会社や不動産会社に質問しても「知らない、わからない、聞いていない」という言葉しか返って来ないこともあります。そもそも住宅会社や不動産会社が質問の答えを把握していないこともあります。その場合は、少し手間はかかりますが、物件の周辺を実際に調査してください。ときには、近所の住民から物件にまつわる情報が得られることもあります。さらに、近所に古くからあるお店があれば、そこを利用して聞き込むのも効果的です。

方法 3 Googleストリートビューで確認してみる

Googleストリートビューでも貴重な情報が得られます。Googleストリートビューは、過去数年間における建物の外観や周辺の変遷が確認できます。何よりも手軽で、すぐに確認できるので、試してみてください。

方法 4 ホームインスペクションを入れる

建物自体の欠陥については、専門知識と経験がないと判断は難しいものです。そこで、法則33でもご紹介した、建築士によるホームインスペクション（第三者検査）を入れて、建物の品質をチェックしてもらいましょう。

また、「安い理由」は、買う人にとって「掘り出し物」となることもあります。

特急列車も止まる主要駅徒歩圏の立地で、相場よりも安い土地情報を入手したEさんのケースで説明しましょう。

Eさんは、この土地を気に入りすぐに購入しようと思いましたが、不動産会社の話だと、過去に何度も契約がキャンセルされている物件だとわかりました。現地を確認してみると、その土地に近接する駐車場に黒塗りの街宣車が停まっていたのです。これが、何度もキャンセルされた理由だと推察できました。

さらに詳しく調べたところ、黒塗りの街宣車は駐車場の持ち主であるとても気の優しいおじいさんの孫のものとわかりました。街宣車は、普段はただ駐車しているだけで、過去にトラブルも一切ありませんでした。

この事実を知ったEさんは不安がなくなり、すぐにその土地を購入しました。一般的に言われる「ワケあり」だった物件は、「掘り出し物」となったのです。

価格が不自然に安いと感じる物件には必ずその理由があります。しかし、自分にとっては気にならない場合もあるかもしれません。思わぬ掘り出し物が手に入る可能性もあるので、気になる物件は詳細を確認しましょう。

購入の法則47

衝動買いに注意！　値引きキャンペーンは常套手段

いろいろな業界で販売促進のためのキャンペーンが行われています。住宅業界も例外ではありません。とくに住宅は単価が大きいだけに値引き幅も大きく、**数百万円もの値引き額**が提示されることもあります。普段から高額な契約に慣れていない限り、「これはマイホームを安く手に入れる絶好のチャンス！」と思いがちです。

しかし、これこそ住宅事業者の思うツボなのです。

通常、値引きキャンペーンには期限が決められており、値引きを受けるために慌てて〝仮契約〟や〝空中契約〟を交わしてしまう人がいますが、それは絶対に避けてください。「期間限定」「値引き」という文言に焦る気持ちもわかりますが、慌てる必要はありません。

こうした値引きキャンペーンは住宅事業者の販売戦略の一環であり、常套的なクロージングの手法だからです。この手の値引きキャンペーンは一度きりではなく、「新春キャンペーン」「○周年キャンペーン」「顧客感謝キャンペーン」「決算キャンペーン」などと手を変え品を変え、**定期的に行われている**のが実態です。

たしかに今しかない魅力的なキャンペーンが行われていることもありますが、契約するのであれば、第5章で解説したように、契約前にすべき確認を十分にしておく必要があります。もし、確認できていなければ、「あと設備機器のショールームを確認すれば御社に決めたいと思っています。日程的にキャンペーンの期限内には確認が間に合いそうもないのですが、期限後になってもいま提示いただいている条件で契約いただけませんか?」と営業マンに言ってみてください。その期間にもよりますが、たいがいは了承してくれるか、代わりの条件を提示してくれるはずです。

もし明確にノーと言われるなら、また次回のキャンペーンを待つのも一手です。間取りや仕様を十分検討しないうちに焦って契約しても、契約後に発生した追加・変更で値引きを受ける以上に見積額が上がる恐れがあります。さらに、値引き前の金額を本来の見積額よりも上乗せして、大幅な値引きをしたように見せかける悪徳営業マンもいます。

値引きを受けたいからといって急いで契約を交わすことは、「衝動買い」と同じです。マイホーム完成後のアンケートにおける不満の上位は「望むような間取りや設備にできなかった」「予算がオーバーした」であり、衝動買いが大きな原因です。

値引き額に目を奪われて、本末転倒な結果にならないように気をつけてください。むしろ、住宅会社のこの常套的なクロージング手法を理解したうえで、上手に交渉しましょう。

具体的には、住宅会社をいくつか選定したら、月末に向かって商談を詰めていきます。月末になるとその月の営業成績を達成するために同じキャンペーンでもさらに値引きなどを引き出せるからです。これが3月や9月といったその会社の決算月ならば、さらに好条件を引き出せる可能性があります。

より値引きを引き出したかったら、あらかじめその住宅会社の決算月を把握し、そこから逆算してマイホーム購入のスケジュールを組み立てましょう。このように計画的に進めれば、住宅会社のクロージング手法を逆手にとって買い手ペースで交渉を進めることができ、満足度の高いマイホームを安く購入することも夢ではありません。

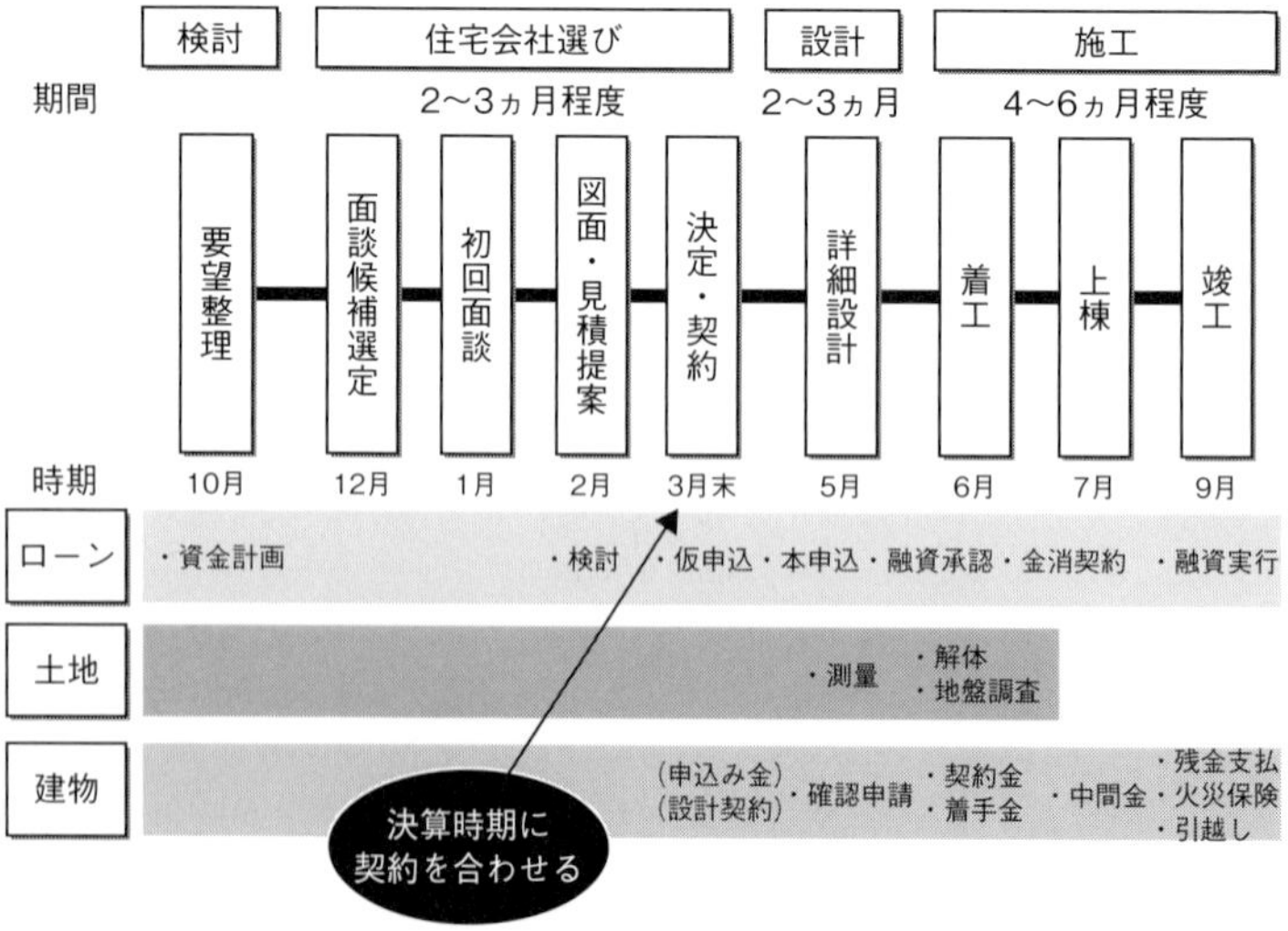

●キャンペーンを逆手にとったスケジュール例

購入の法則㊽

有名住宅会社の〝直営〟と〝フランチャイズ〟

社名をよく耳にする全国展開の住宅会社でも、じつは**直営方式とフランチャイズ方式**があります。

直営方式は、大手のハウスメーカーが自社で直接運営し、商品の企画開発から宣伝、営業、設計、施工、アフターの保証まで原則として全て一貫して責任を持ちます。一方、フランチャイズ方式は、地方の中小企業や工務店が費用を払ってフランチャイジーとして加盟し、フランチャイズ本部が提供するブランドやノウハウ、商品などを活用して各加盟店がそれぞれ個別に運営します。

フランチャイズ本部と加盟店の責任や役割分担はフランチャイズごとにまちまちで、本部が強力に管理・指導し、アフターの保証まで責任を負うフランチャイズもあれば、本部による統制が弱く、よく言えば「各加盟店の独自性を尊重している」、悪く言えば「看板（ブランド名）が同じだけで実質的に地元工務店の集まりにすぎない」フランチャイズまであります。

住宅会社を選ぶ際には、しっかりと直営方式とフランチャイズ方式の違いを理解すべきです。ブランド力や保証などの安心を求めて大手ハウスメーカーと契約したと思っていたら、実際はフランチャイズに加盟している地元の小さな工務店だったというケースも起こり、トラブルになることもあります。

フランチャイズ方式の中には本部の権限・責任がなく、設計や施工、保証までが加盟店任せのケースもあり、品質やアフター・保証に加盟店間で差が生じることもあります。

フランチャイズの形態もさまざまですが、その加盟店も多種多様で、まったくの異業種から看板とノウハウを求めて加盟するケースもあります。

例えば、実際にこのようなトラブルがありました。

Fさんは、マイホームを建築するため、ある不動産会社を通して土地を購入しました。まだ家を建てる住宅会社が決まっていなかったFさんは、この不動産会社から住宅会社を紹介されました。その住宅会社は全国展開しており、建築家によるデザイナーズ住宅をウリにしていることから、デザイン性の高い家を希望していたFさんは気に入り、契約したのです。

ところが、契約後にその住宅会社が建設業登録をしていないことが発覚。住宅の建築をすることはできるものの、法律の関係でFさんが希望する広さの住宅は建築できないため、契約を解除する事態になってしまいました。

このケースでは、高い知名度とノウハウを借りて新規参入したい加盟店側と、加盟店を増やして売上を増やしたいフランチャイズ本部側とのいびつな関係が垣間見えます。建築家の設計する住宅は、そのデザイン性に対応するために本来は施工能力が求められ、施工する住宅会社が建設業許可を取るのは当然と言っても過言ではありません。

それなのに、建設業許可の取得を加盟条件にしていないのは、デザイナーズ住宅を売りにしているフランチャイズとしては、少々問題だと思いませんか？　決して「直営だから安心、フランチャイズは不安」と言いたいのではありません。フランチャイジーでも優れた技術と品質を持っている工務店はたくさん存在しています。むしろ、大手ハウスメーカーには苦手な小回りが利く柔軟な対応をしてくれる会社もあります。ただ、「よく名前を聞く大手だから安心だろう」と安易な感覚で住宅会社を決めるべきではないのです。会社の概要・沿革なども含め、家づくりのパートナーにふさわしいかを見極めてください。

最後に、直営方式とフランチャイズ方式の見分け方について触れておきます。

じつは、インターネットで簡単に確認できます。「住宅会社名」「ブランド名」「フランチャイズ」などのキーワードで検索すると、フランチャイズ方式であれば「フランチャイズ募集」「加盟店一覧」といったページが出てきます。インターネット時代のいまは簡単に情報を入手できますので、ぜひ住宅会社選びに役立ててください。

第７章

後悔しない住宅購入の法則
【家族の絆編】

購入の法則50

マイホームは幸せに暮らすための手段

筆者は、長年建設業界にいる間、理想の暮らしを求めてマイホームを購入するはずが、購入自体が目的となり、その過程で家族がバラバラになる悲劇をよく耳にしました。独立した理由は、お客様の立場でアドバイスできる住宅コンサルタントになり、「理想のマイホームで幸せに暮らす人たちを増やしたい」との強い想いからでした。

独立する前、知人の紹介で1組のご夫婦が相談に来られました。奥さまのご出産をきっかけにマイホームの購入を考え始め、住宅会社と商談をしているタイミングでした。

話を聞いてみると、家づくりが進むにつれてご夫婦の意見が微妙にくい違うようになったとのこと。最初のうちはお二人の意見が割れることはありませんでしたが、やがてご主人から「せっかく夢のマイホームを建てるのだから、友人知人も呼べるようにリビングを大きくしたい」「書斎も欲しい」といった要望が出てきて、見積額も当初の予算をかなりオーバー。奥さまは多額の住宅ローンを組むことが不安で、予算をできる限り抑えたいと思ったのです。

その場ではご夫婦から話を聞き、予算とご要望のバランスを取るために、コストを抑える間

暮らし方［夢］＋お金［現実］＋理想のマイホーム

取りの考え方をお話しして終わりました。結局ご夫婦からの相談はこの1回だけでした。

相談の1年後、紹介者からそのご夫婦が離婚してしまったと聞きました。断言はできませんが、1年前の相談時の様子を思い返すと、マイホーム購入の検討過程でご主人の「マイホームへの夢」と奥様の「お金への不安」のすれ違いが離婚の引き金になったとしか思えませんでした。

夢とお金のバランスの取り方をしっかり伝えられていたら、「このご夫婦に、離婚という最悪の結末はなかったかもしれない…」とショックを受けました。

そもそもマイホームは、「理想の暮らしを実現するための手段」です。ところが、いつの間にかマイホームを購入することが目的となってしまい、判断を誤ってしまうことがあります。

住宅会社や不動産会社は、マイホーム購入のサポートをしてくれますが、購入後の長期的な家計やライフプランまでアドバイスすることはありません。

また逆に、お金の専門家であるファイナンシャル・プランナーは、家計やライフプランのことは考えられても、土地や建築といったマイホーム購入の詳しいノウハウまではわかりません。

理想の暮らしを実現するために、ライフプランも含めて家づくりをサポートできる、ＦＰ有資格者の住宅コンサルタントを活用することも、ご一考の価値はあります。

購入の法則51

「暮らしの器」づくりが家族の絆を深める

マイホーム購入の目的は、単に家を手に入れることではありません。手に入れた後に、「幸せな暮らしを築くこと」です。新しいマイホームは、次のステージの「暮らしの器」なのです。マイホームを「暮らしの器」だと意識すると、得られる結果が変わってきます。

２世帯に加えて奥さまのクレープ屋さんを併設したマイホームを実現したGさんの話を紹介しましょう。

新居を検討し始めたきっかけは、お母様との同居でした。お母様は遠方で一人暮らしをしていましたが、お母様の年齢を考えてGさんご夫婦は同居することを決意されたのです。

ここでGさんのご家族はお互いの要望を洗い出しました。お母様は自分が住みたい間取り、Gさんは趣味のホームシアターが楽しめる空間。そして一番の特徴ともいえる奥さまのクレープ屋さんは、必要な什器や広さ、動線、クレープ屋さんとしても自宅としても違和感のない外観、クレープ屋さんとして集客ができ、かつ自宅として住みやすい環境を兼ね備えた立地。

しっかり家族で夢や条件を話し合った結果、まず住宅街で高校が近くにある絶好の土地が見つかりました。

そして、建物については盛りだくさんの要望を実現するために鉄骨造の3階建てにし、鉄骨造が得意な住宅会社に絞って商談を行い、スムーズに住宅会社も決まりました。

Gさんは新居を建てて7年経った今でも、「満足のいく家」で大きくなった子ども達と趣味のホームシアターを楽しまれています。

新居での暮らしのイメージを明確にすることが、夢の実現への近道です。

だからこそ、家族全員で行う「家づくり本音会議」が何よりも重要なのです。本音会議の場で、家族全員が理想とする暮らし方をまず明確にし、理想の暮らしのためにどうするか、具体的に書き出してみてください。

ときには、家族の間で激しく意見がぶつかり合うこともあるでしょう。しかし、そのぶつかり合いも必要なプロセスです。マイホームが完成してからでは、もはや手遅れだからです。むしろ、本音をぶつけ合うことでお互いの想いや価値観がより理解でき、理想のマイホームだけでなく、より良い家族関係までつくることができます。

「雨降って地固まる」。ぶつかることを恐れず、この機会に本音で話をしてみてください。

購入の法則52

マイホーム購入の極意は「彼を知り、己を知れば、百戦あやうからず」

「マイホーム購入の極意を一言で言うと何ですか？」と尋ねられたら、**「彼を知り、己を知れば、百戦あやうからず」**と答えます。これまで本書でいろいろな法則をお伝えしてきましたが、原点はこの孫子の言葉に尽きます。復習の意味も込めて説明しましょう。

マイホーム購入における「己を知る」とは、ご自身の理想の家・暮らしに対する**要望と家計などの現状把握**です。

「理想の暮らしを実現するために、マイホームに必要なものは何か？」という視点で、具体的な要望をまず書き出してみてください。家族で暮らしに対する想いや家族のあり方をとことん掘り下げることができれば、マイホームの形がより具体的に見えてきます。ただ、要望を掘り下げれば下げるほどこだわりも大きくなり、建築費も上がりがちです。

そこで、マイホームにかけられる予算を、人生の三大資金などの将来にわたる家計をもとに検討します。住宅ローンを借りすぎて家計が破綻してしまっては本末転倒です。家計を考えると、予算は低いに越したことはありません。

ただ、いくら予算を抑えて家計にゆとりが出ても、望む暮らしが実現できなければマイホーム購入の意味は半減してしまいます。マイホームの予算は高すぎても低すぎてもダメで、マイホームへの要望と予算のバランスが大切です。

次に、「彼を知る」必要があります。つまり、住宅会社や不動産会社といった**マイホームの売り手を知ること**です。家の買い手である読者の皆さんと逆の立場にある相手方と捉えてください。

買い手が望む暮らしによってマイホームの形も変わるように、売り手である住宅会社・不動産会社にも得意・不得意があります。例えば、大手ハウスメーカーのように保証や安定した品質をウリにしている住宅会社もあれば、地元工務店のように自然素材や超高気密高断熱を強みにしている住宅会社もあります。高気密高断熱の家を望むなら、ローコストがウリの住宅会社は適した相手ではないかもしれません。買い手の欲しい家の特徴が明確になれば、その家を建てるのに適した住宅会社も見つけやすくなります。

己が求める理想を明確に把握すればするほど、理想のマイホーム購入がスムーズに進みます。まさに「百戦危うからず」。まずは、ご家族で家づくり本音会議をして、ご自身の理想の暮らし方を明確にすることから始めてください。そうすれば、初めてのマイホーム購入でも怖いことはありません。

補足章

住宅購入で成功した人たち
【事例編】

事例①

あえて多額の住宅ローンを組み1000万円コスト削減

40代・会社員・Hさん

マイホームは単価が大きいだけに、さまざまな工夫をするだけでコストを数百万円単位で下げることができます。その一つが住宅ローンの上手な活用です。

40代の会社員Hさんは、マイホーム購入にあたって手元にまとまった自己資金をお持ちでしたが、あえて手元の資金は温存して住宅ローンの借り入れを増やしました。

その理由は、低金利な住宅ローンを借りることで、住宅ローン減税や団体信用保険（団信）によりコスト（利息など）以上のメリットが受けられるからです。さらに、住宅ローンを借りることで残った手元資金を投資運用に回して支払う金利以上の利回りが出せれば、メリットがより高まります。

理屈だけではわかりにくいので、Hさんの予算6000万円に合わせて借入額や返済期間などを変えたプランをシミュレーションした図で説明します。現在とは税制や金利水準も変わっていますが、概算として金融資産残高の推移をご覧ください。

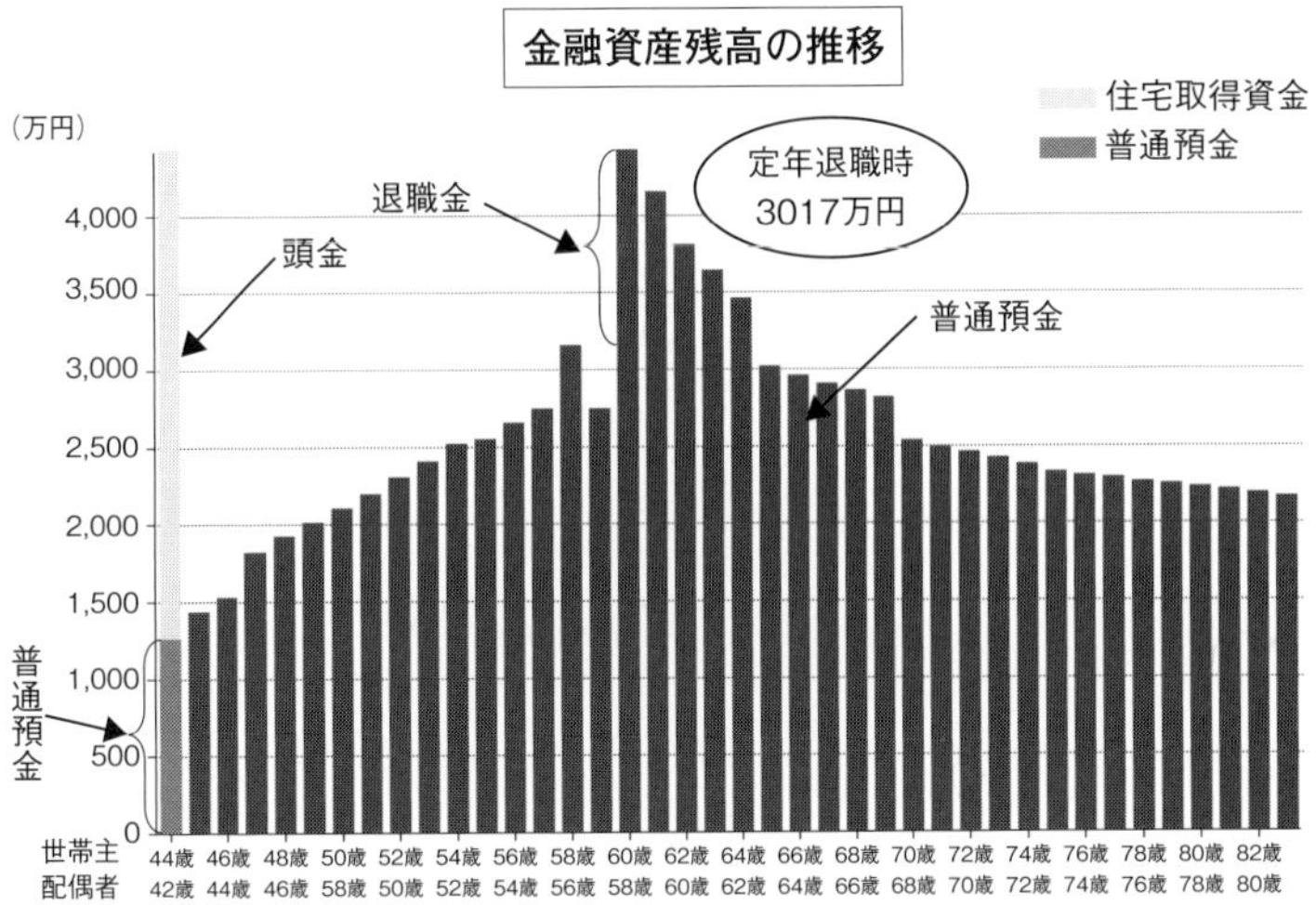

●プラン１　頭金4000万、借入2000万、返済期間20年

一つ目のシミュレーション（プラン１）は頭金を多めに４０００万円とし、住宅ローンの借り入れを２０００万円に抑えたプランです。返済期間も20年と短めに設定して定年までに完済することとし、できるだけ利息の支払いを抑えることを狙いにしています。

じつはこの頭金と住宅ローンの借入額の相談をしていたら、ご実家のお父様から「いくらか資金援助しよう」という話があり、頭金のうち１０００万円は住宅取得資金の非課税の特例を使って贈与を受けることになりました。その結果、支払う利息総額は約１７１万円、定年退職時の金融資産残高も約３０１７万円となり、老後の備えも問題なくなったのです。

二つ目のシミュレーション（プラン２）は住宅ローン減税の効果を最大限目指したプランです。一つ目とは逆に頭金を抑えて２０００万円

金融資産残高の推移

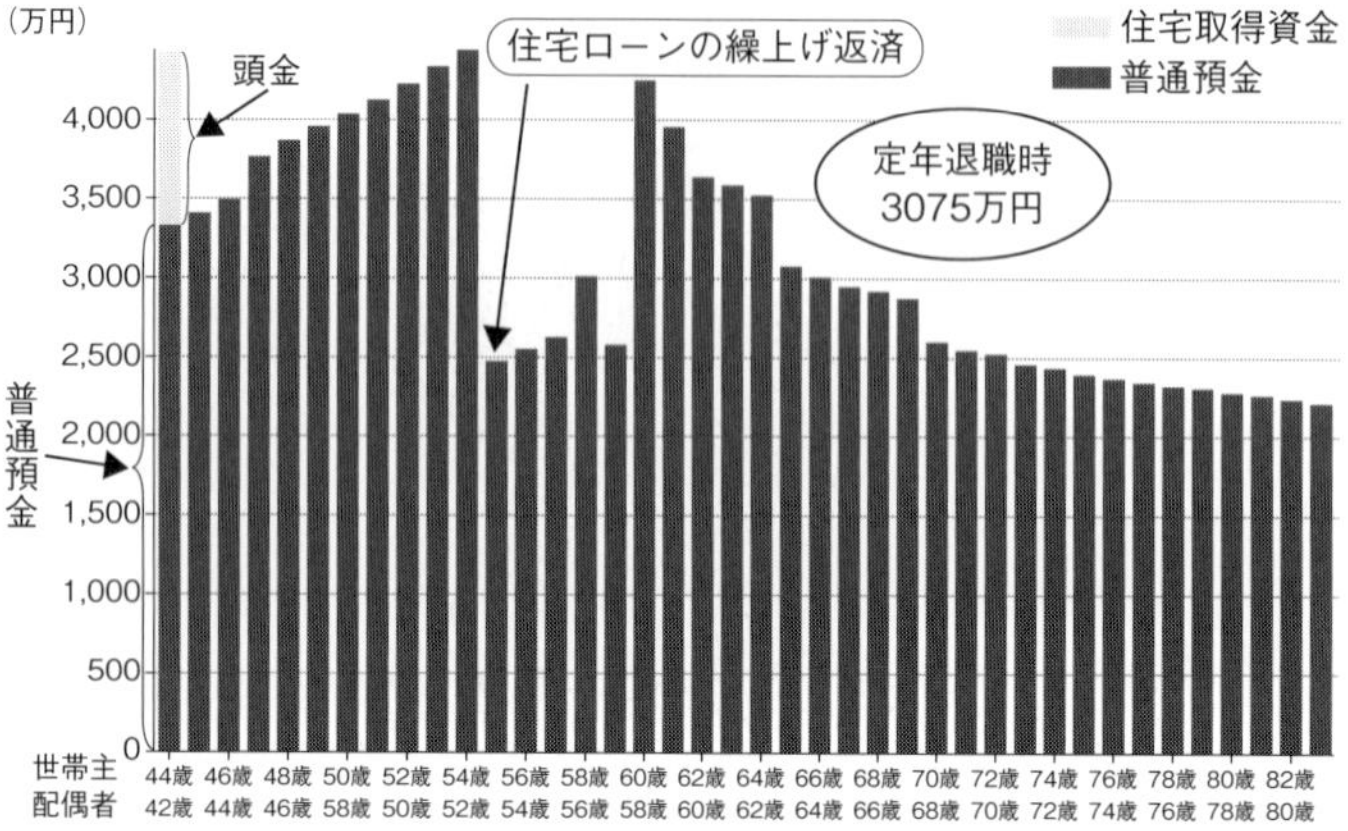

●プラン２　頭金2000万、借入4000万、返済期間35年

（うち１０００万円は贈与資金）とし、住宅ローンの借り入れを４０００万円に上げています。返済期間も35年と長く設定することで、毎年末の住宅ローン残高の減り方が緩やかになる分、住宅ローン減税をより受けやすくなります。借入を増やせば支払う利息額は増えますが、金利よりも控除率のほうが高ければ利息以上に減税を受けることもできます。住宅ローン減税の控除期間（この時は10年間）が過ぎたところで当初温存しておいた手元資金２０００万円で一部繰上げ返済を行い、それ以降の支払利息を抑えるとともに、定年退職前に完済できる見込みとなりました。借入額を増やしたことで団体信用生命保険の保障額が増えるメリットもあります。さらに、定年退職時の金融資産残高は、借入額の低い前述のプラン１よりも高い約３０７５万円です。

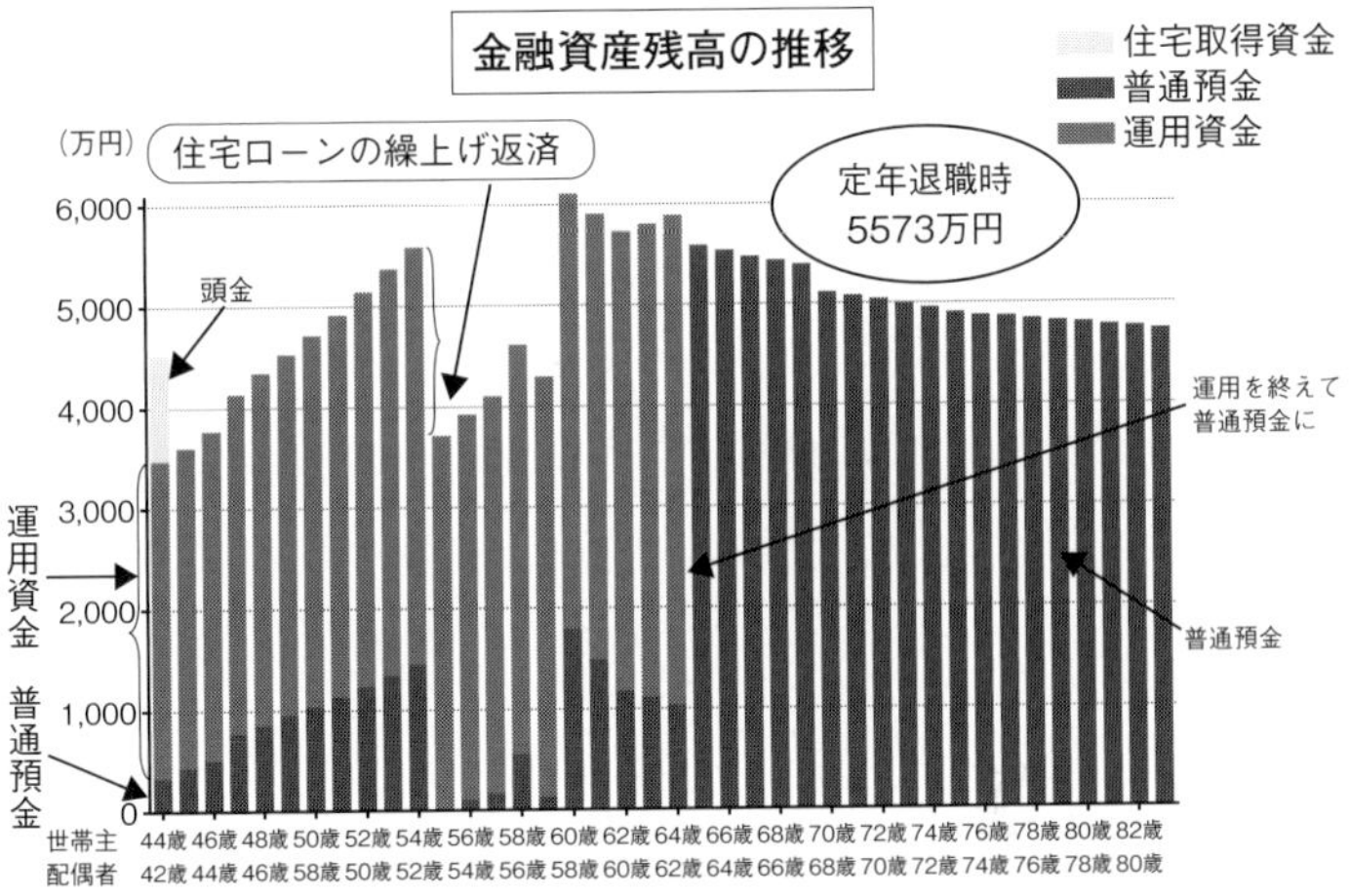

●プラン３　プラン２をもとに、さらに手元資金3000万円を運用に回す

三つ目のシミュレーション（プラン3）は前述のプラン2をベースとし、住宅ローン減税の効果と合わせて当初温存した手元資金を積極的に運用して増やすプランです。プラン2との差を比較しやすくする意味もあり、住宅ローン減税の控除期間終了後の繰上げ返済額は2000万円のままとしていますが、繰上げ返済せずにその分の資金も投資運用にまわす選択肢もあります。コンスタントに年2・94%で運用できれば、定年退職時の金融資産残高は約5573万円まで増え、老後資金としては十分でしょう。シミュレーション上は定年退職時に運用を終えてその後のリスクを抑えていますが、必要な分だけ都度現金化し、残りは引き続き運用を続けても構いません。年利2・94%で運用できる保証はありませんが、長期で運用すればするほど時間分散効果でリスクも下がると

	頭金	借入	繰上げ返済（10年後）	当初返済期間	最終返済期間	完済年齢	当初運用資金	65歳時金融資産
プラン1	4000	2000	0	20年	20年	65歳	0	3017
プラン2	2000	4000	2000	35年	18年	63歳	0	3075
プラン3	2000	4000	2000	35年	18年	63歳	3000	5573

【試算条件】　（万円）

・住宅ローンの金利は当初10年間0.6%、以降1.5%で、元利均等返済
・資産運用は、年利2.94%で試算
・頭金のうち1000万円は、住宅取得資金の贈与税非課税の特例を使って贈与を受ける
・44歳時の金融資産は4400万円

されているので、決して非現実的なシミュレーションではありません。

これらのシミュレーションの結果、Hさんは借入額を増やし、返済期間を長く（35年）住宅ローンを組むことにし、手元資金を投資運用することとしました。将来的に住宅ローンを繰上げ返済するかは、その時の金利や運用成績、ご自身の健康状態、そしてお子様の進学といった家族の変化と状況に応じて検討し、新居での生活が始まってからは、定期的に家計の相談を重ねています。

なお、シミュレーションの数字には現れませんが、実家のお父様からの資金援助で住宅取得資金の贈与税非課税の特例を利用することで贈与税を抑えられ、さらに将来お父様が亡くなられた時の相続税も下がる可能性があります。この住宅取得資金の贈与税非課税の特例は相続税の生前対策にうってつけなので、マイホーム購入の初期段階でご実家と話をしておくことをお勧めします。

逆に、よくある失敗として、マイホームを購入した後に「住宅ローンの返済が大変だろうから」と返済資金としてまとまった額を

贈与する話を聞きますが、この場合は住宅の「取得資金」ではないので、贈与税非課税の特例は使えないことに要注意です。

Hさんは、ほかにも本書で紹介した住宅ローン選びや値引き交渉も実践し、トータル1000万円のコスト削減を達成しました。

事例②

建築家の設計した住宅で時間がゆっくり流れるライフスタイルを実現

40代・グラフィックデザイナー・Iさん

グラフィックデザイナーのIさんは身の回りの持ち物にこだわりをお持ちで、住まいにもしっかりとコンセプトを残したいと考えていました。そこで建築家に設計を依頼し、非常に個性的なデザインのマイホームが完成しました。

4つの箱がリズミカルに空中に浮いているような外観が特徴的ですが、間取りにも一風変わった趣向が凝らされています。

写真の2階の一番手前の箱がリビングで奥の箱が寝室となっていますが、その間は壁になっており、リビングから寝室に行くには一度階段で1階に降りてガラ

ス張りの廊下で外を眺めながら進み、また別の階段を上がる必要があります。

通常はマイホームに家事動線や収納の多さなどを求めますが、Tさんは「非日常」「時間がゆっくりと流れる空間」というコンセプトを実現されたのです。小高い丘の上に建つTさん邸は、ご主人の書斎から屋上に上がると、見事な眺望が楽しめます。

事例③　大人の趣味を楽しめる終の棲家を手に入れた母子

60代母と30代・公務員の長男・Jさん

若い頃に購入した建売住宅にお住まいのお母様とJさんが、住み替えによって大人の趣味を楽しめる家を実現された事例です。

お父様はすでに他界され、弟さんは結婚して別に家を構えるなど、家族構成が変わるとともに、建物には傷みも目立ってきたところで、今後の住まいをどうするかご相談いただきました。お話を聞いていると、間取りが使いにくいだけでなく、もともと建売住宅ということで愛着もあまりありません。幸いお父様が遺された資産があるので、今の住まいのリフォームではなく、母子二人が楽しく暮らせるマイホームをゼロからつくる選択をしたのです。また、手持ちの資産を不動産に変えることで、相続税対策も視野に入れた資金計画です。

新居のご希望として挙げられたのは、次の通り。

・お母様の友達を招いてティーパーティなどを楽しめるダイニング・キッチン

・Ｊさんの趣味の映画鑑賞を楽しめるシアタールーム
・近くに住む弟さん家族が遊びに来た時に使いやすい和室
・Ｊさんの愛車を停められるビルトインガレージ

まず今のお住いのすぐ近くで公園の目の前の角地という絶好の土地が見つかりました。

1階には、お母様が料理好きであったことからこだわりのオーダーキッチン、無垢の6人掛けのダイニングテーブルを設けました。2階のシアタールームには作り付けのＡＶシステムだけでなくオリジナルのバーカウンターも設け、Ｊさんの結婚後にはセカンドリビングとして使えるようになっています。母子で趣味を楽しみながら、将来の家族の変化にも対応できる設計にしました。

事例④

築100年の古民家をリノベーションして趣味のプラモデル部屋を作成

30代・公務員・Kさん

築100年のご実家を相続したことから始まった家づくり。

夏は暑くて冬は寒いうえに、現代の基準と比べものにならない脆弱な耐震性から、建替えを前提として筆者のもとにご相談に来られました。

かなり古いとは聞いていましたが、実際に拝見すると、柱や建具にかなり良い木材が使用されておりまだまだ使える状態で、もともと農家ということで現代の住宅では考えられないほどの広さがありました。これを全部潰して新たに建て替えるのはもったいない住宅でした。

ご家族は「先祖代々から伝わる家で愛着もある」と話されたので、建替えではなく**古民家再生**へと舵を切ることになりました。

現代の住宅とはつくりが全く違うため、古民家リノベーションの経験や実績が豊富な工務店に設計&工事を依頼したのです。

その結果、耐震性も断熱性も現代の水準と比べて遜色なく、最新の住宅設備機器も装備された家に生まれ変わりました。音楽の先生でもある奥様のピアノ部屋や、プラモデルが趣味というＫさんの工房を屋根裏にしつらえるなど、趣味も楽しめるよう世界で一軒だけのマイホームを古民家再生で実現しました。

このように、古いからといって拙速に新築に建て替えるのではなく、専門家に家の状態などを診断してもらうことで、思いもよらない方針転換で再生できる可能性もあります。

あとがき

本書を最後までお読みいただき、本当にありがとうございます。

マイホーム購入は、人生の中でも最も大きな決断の一つと言っても過言ではありません。多くの方にとっては「初めての体験」であるため、喜びに溢れる一方で、失敗は許されないというプレッシャーも感じるはずです。だからこそ、マイホーム購入にはしっかりとした「準備」が欠かせません。

筆者は建設業界に30年従事してきましたが、マイホーム購入で最もトラブルの原因となるのは**「準備不足」**だと実感しています。相談者からも「初めての体験だから、どのような準備をしたらいいかわからない」という声をよく伺います。

インターネットで情報を検索しても、その情報は発信者によって微妙に異なります。購入者目線の純粋な情報を見つけるのは、初心者には難しいものです。「自分にとって、最適な情報は一体どれなのか?」と迷う方も多いのではないでしょうか?

本書によって、これからマイホームを購入される方が抱く疑念を払拭できたら嬉しい限りです。**「お金」「品質」「契約」**という最も重要なポイントごとに解説しました。足元からしっかりとマイホーム購入の準備を整えられる「指南書」となるよう心がけて執筆したつもりです。実践で使えるさまざまな資料も載せましたので、ぜひとも活用し、マイホーム購入を成功に導いていただくことを切に願っています。

また、これまで繰り返し述べましたが、マイホームとは、暮らしを幸せにする「器」であり、家族が理想とする暮らしを実現する「手段」の一つです。マイホーム購入でまずすべきことは、家族の理想の暮らしの姿を明確にすることです。この姿の解像度を上げることで、その暮らしの器となるマイホームの具体的な完成図が明確になってきます。

家族の幸せを実現するマイホームであるはずなのに、マイホーム購入のトラブルがもとで家族がバラバラになってしまったら本末転倒です。本書が少しでも皆様の理想の暮らしを実現するための道標となり、家族の絆を深めるきっかけとなれば幸いです。家づくりは、家族の未来を築く重要なプロジェクトです。一歩一歩を慎重に進め、情報をしっかり収集し、納得のいく決断をしていただくことを切に願っています。

最後に、これまで筆者のアドバイスを信頼し、共に家づくりの道を歩んできた多くの相談者の方々と、本書出版にご尽力いただいた町田新吾さん、白銀肇さん、石丸しんやさん、大学教育出版の宮永さんに感謝の意を表します。そして、筆者に関わっていただいたすべての皆様の家づくりが、幸せな未来へとつながることを心からお祈り申し上げます。

２０２５年１月

草野　芳史

■著者紹介
草野《くさの》　芳史《よしふみ》
家計とマイホーム相談室・代表。　家の賢い買い方アドバイザー。

1971 年神奈川県鎌倉市生まれ、愛知県津島市在住。建設業界歴 30 年。

建築に精通した住宅専門ファイナンシャルプランナー。

住宅や保険などの金融商品を売らない中立な専門家として、2000 組を超す住宅取得や家計の相談経験を「マイホーム予算診断」など独自に体系化。

住宅購入者のメリットを第一に、資金・住宅ローン、物件・住宅会社選び、建物検査、入居後のライフプラン見直しまで一貫してコンサルティング。

これまでに、住宅取得 1 件で 1000 万円のコスト削減も実現するなど、新聞やＷＥＢ記事の執筆・監修のほか、大学や金融機関、住宅展示場などで年 100 回以上講演や相談会を行う。家族は妻と子供二人、シーズー犬。

■資格等
CFP ／二級ファイナンシャル・プランニング技能士／住宅ローンアドバイザー／宅地建物取引士／公認ホームインスペクター（NPO 法人日本ホームインスペクターズ協会）

◆Web & SNS
・HP　https://my-home-fp.com/
・ブログ　http://sumaizakki.blog5.fc2.com/
・Facebook　https://www.facebook.com/yoshifumi.kusano.3
・Instagram　https://www.instagram.com/yoshifumi_kusano/

賢い人だけ知っている
後悔しない住宅購入 52 の法則

2025 年 2 月 10 日　初版第 1 刷発行

■著　　者――草野芳史
■発 行 者――佐藤　守
■編集協力――町田新吾・白銀　肇・石丸しんや
■発 行 所――株式会社 大学教育出版
〒 700-0953　岡山市南区西市 855-4
電話（086）244-1268　FAX（086）246-0294
■印刷製本――モリモト印刷㈱

ISBN978－4－86692－337－6